JSCP双書《2》

教育学の基礎

山田知代・内山絵美子・坂田仰【編著】

教育開発研究所

JSCP 双書刊行にあたって

　日本スクール・コンプライアンス学会（JSCP 学会）は、学校教育における諸課題の研究・実践を通じて、スクール・コンプライアンス研究の発展に寄与することを目的に設立された研究会、旧「教育紛争検討会」を母体としている。

　日本スクール・コンプライアンス学会は、旧「教育紛争検討会」が 2007（平成 19）年 2 月に第 1 回研究会を開催してから、2017（平成 29）年に 10 年目という節目の年を迎えた。この間に見えてきた課題は、教職員が有する学校運営、教育実践面でのコンプライアンスに関わる知識の弱さである。価値観の多様化が進行し、法の「越境」、学校教育の「法化現象」が随所で顕在化している今日、教員養成段階と教員研修の両面でこの弱点を克服する作業が強く求められている。そこで、スクール・コンプライアンスという視点に立ち、10 年の歩みを基礎として JSCP 双書を創刊することを決意した。

　本書『教育学の基礎』は、JSCP 双書の第六回配本にあたる。執筆にご協力いただいた会員の皆様、特に編集作業に携わってくれた山田知代会員、内山絵美子会員に感謝するとともに、本書が幼稚園・小学校の教職課程、保育士養成課程のテキストとして、広く活用されることを期待したい。

2025（令和 7）年 2 月 1 日

JSCP 学会を代表して

坂田　仰

JSCP双書《2》

教育学の基礎　◇　目次

JSCP双書刊行にあたって ……………………………………… 3

はじめに ………………………………………………………… 8

第 1 章　**教育とは何か** …………………………………… 10

はじめに　／第1節　教育とは何か：人間形成としての教育　／
第2節　人間の「発達」とは何か：二つの考え方　／第3節
人々との間で「自分」を形成していく社会
【コラム】遊びと学び

第Ⅰ部　教育の歴史・思想

第 2 章　**古代ギリシアから中世までの教育** …………… 21

はじめに　／第1節　古代ギリシアの教育　／第2節　古代ロー
マ・中世の教育　／第3節　ルネサンス期の教育；ヒューマニズ
ム
【コラム】アリストテレスと現代社会

第 3 章　**諸外国の教育思想** …………………………… 34

はじめに　／第1節　17・18世紀の教育と近代教育思想の形成
／第2節　19世紀の教育と近代教育思想の展開　／第3節　20
世紀の教育と新教育運動
【コラム】モンテッソーリ教育

第 4 章　日本の教育史 ……………………………………… 50

はじめに　／第1節　古代・中世の教育　／第2節　近世江戸時代の教育　／第3節　明治期の教育　／第4節　大正・昭和戦前期の教育
【コラム】咸宜園の教育

第 5 章　日本の教育思想 …………………………………… 62

はじめに　／第1節　江戸時代の子ども観と教育思想　／第2節　明治時代の子ども観と教育思想　／第3節　大正・昭和初期の子ども観と教育思想
【コラム】子どもの権利思想

第Ⅱ部　現代の教育原理

第 6 章　国家と教育 ………………………………………… 75

はじめに　／第1節　教育権論争　／第2節　旭川学力テスト事件　／第3節　学習指導要領　／第4節　道徳の教科化
【コラム】義務教育って何ですか？

第 7 章　教育における平等 ………………………………… 87

はじめに　／第1節　教育の機会均等　／第2節　貧困　／第3節　障害者　／第4節　外国人の子ども　／第5節　LGBT
【コラム】障害者雇用率

第 8 章　現代の教育制度 …………………………………… 99

はじめに　／第1節　戦後教育改革　／第2節　戦後教育改革の揺り戻し　／第3節　教育改革の時代　／第4節　諸外国の教育

制度 ／おわりに
【コラム】教員の働き方を法的に考える

第 9 章　教育実践の基礎理論 ……………………………………… 111
はじめに　／第1節　教育課程と事例　／第2節　教育実践の基礎理論　／おわりに
【コラム】学習指導要領の変遷

第Ⅲ部　現代の教育課題

第 10 章　教育の三主体の連携と対立
　　　　─"国親"思想と価値選択─ ……………………… 125
はじめに　／第1節　家庭による教育と"国親"による教育　／第2節　教育の三主体：学校、家庭、地域社会　／第3節　コミュニティ・スクール
【コラム】子どもの意思

第 11 章　市民性教育（シティズンシップ教育）……………… 137
はじめに　／第1節　シティズンシップとは何か　／第2節　シティズンシップのこれまでとこれから　／第3節　シティズンシップ教育の展開
【コラム】日本のシティズンシップ教育実践の課題

第 12 章　子どもの育ちと教育・福祉 ……………………………… 149
はじめに　／第1節　子どものウェルビーイングをめぐる課題　／第2節　将来の福祉のための教育／教育の土台としての福祉　／第3節　子どものウェルビーイングと学校・地域・社会

【コラム】学校給食

第13章　生涯学習社会における教育の現状と課題 …………… 162

はじめに　／第1節　生涯学習とは　／第2節　生涯学習の広がりを支える社会教育　／第3節　生涯学習支援の課題

【コラム】リカレント教育

執筆者一覧 ……………………………………………………… 174

> ※本書掲載法令の条文・条番号等は、特に断りのない限り、
> 2025（令和7）年1月15日現在のものです。

はじめに

本書『教育学の基礎』は、幼稚園・小学校・中学校・高等学校の教職課程および保育士養成課程における「教育学の基礎」や「教育原理」のテキストとして活用できる内容となっています。教職課程コアカリキュラムの「教育の理念並びに教育に関する歴史及び思想」の内容と、「指定保育士養成施設の指定及び運営の基準について」の「教育原理」の内容を網羅するように構成されているのが特徴です。

本書のタイトルにある「教育学」とは、学校に限らず、「教育」というものに焦点を当て、深く考えることを目指す学問です。私たちの周りに当たり前に存在している「教育」や「学校」ですが、いったい教育とは何なのでしょうか。なぜ教育が必要なのでしょうか。このような原理的な問いについて、普段考える機会はないかもしれませんが、本書では、こうした問いにじっくりと向き合ってみたいと思います。

さて、本書は3部構成となっています。第Ⅰ部のテーマは「教育の歴史・思想」です（第2章～第5章）。子どもという存在をどのように捉えるのか。学校という空間や教育の方法をどのように構想するのか。これらが長い歴史の中でどのように積み重ねられてきたのかをみていきます。第2章では、古代ギリシアから中世までの教育、第3章では、近代教育思想の形成期である17・18世紀の教育から、20世紀の新教育運動にかけての諸外国の教育の歴史・思想を扱います。そして第4章では日本の教育の歴史、第5章では日本の教育思想について理解を深めていきます。

第Ⅱ部のテーマは、「現代の教育原理」です（第6章～第9章）。現代の教育を規定している基本法則として、国家や学習指導要領、平等概念、制度、教育実践の基礎理論について扱います。第6章では、国家は学校における教育内容にどのように関わるのか、第7章では、貧困や障害、外国人やLGBTなどの多様な課題が存在する中で、教育における平等

は本当に達成されているのか、という問いに迫ります。第8章では、戦後教育改革から現在に至るまでの教育制度の変遷を概観し、第9章では、教育実践の基礎理論として教育課程とその編成・実施の際に必要となる知識や実践事例を取り上げていきます。

　そして第Ⅲ部のテーマは、「現代の教育課題」です（第10章～第13章）。教育の現代的な課題として、学校・家庭・地域社会の連携と対立、市民性教育（シティズンシップ教育）、生涯学習、子どものウェルビーイング、といったキーワードが登場します。第10章では、現在では当然のように推進されている学校、家庭、地域社会の連携・協力が、歴史的に見て教育における公理といえるのか、3つの教育主体間に対立や矛盾が生じることはないのか、といった問いについて考えていきます。第11章では、近年新たな教育として注目されているシティズンシップ教育とはどのようなもので、なぜ注目され、要請されるようになったのか、シティズンシップ教育実践が抱える課題は何かについて理解を深めます。そして第12章では、子どものウェルビーイングという観点から子どもの育ちをめぐる教育・福祉の動向を概観し、第13章では、生涯学習社会における教育の現状と課題に迫っていきます。

　以上で紹介したように、本書には多くの問いがつまっています。それは長い歴史の中で、先人達が考え続けてきた問いでもあります。本書を通してこうした問いに向き合う中で、読者のみなさんにとって、よりよい教育とは何かを考えるきっかけになれば幸いです。

　なお、本書の刊行にあたっては、教育開発研究所、特に編集担当の桜田雅美さんに大変お世話になりました。いつも丁寧に対応してくださる桜田さんに、この場を借りて深く感謝申し上げます。

2025（令和7）年2月

編者を代表して　山田　知代

内山絵美子

第1章　教育とは何か

矢田　訓子

はじめに

　教育とはなんでしょうか。あなたはどんな場面を思い浮かべます
か。私たちの社会では、学校教育を始め色々なところで教育が行わ
れています。家庭での教育、地域での教育、職場での教育など様々
です。皆がそれぞれに教育のイメージを持っていることでしょう。
こうした個々の教育のイメージを対象化し皆で課題を共有して議論
するために、まずはこれまでどのように教育が説明され議論されて
きたのかを見てみましょう。教育とは何か、なぜ教育が必要なのか。
本章ではこれまで教育がどのように考えられてきたのかを追うこと
で、今の私たちの教育についての考え方の特徴を明らかにします。

第1節　教育とは何か：人間形成としての教育

　教育とは何かを考える前に、なぜ教育が必要なのかを考えてみま
しょう。私たちは、子どもが知識や技能を得て自分で生活ができる
ようになるために教育が必要だと考えます。このように人が人とし
て生活できるようになるには教育が必要だという考えは、古くは、
古代ギリシアの思想家であるアリストテレス（Aristotelēs,
BC384-BC322）が「人間はポリス（社会）的動物である」とい
ったり、近代の哲学者であるカント（Immanuel Kant, 1724-
1804）が「人間は教育されなければならない唯一の被造物であ
る」といって論じています。今の日本の教育基本法も、教育の目的

は人格の完成にあるといっています。このように教育によって人が人として生きられるようになるという考え方は、私たちをずっと支えてきました。「教育」とは、人の人としての成長を支える実践なのです。そして、人が人として成長することを「人間形成」といいます。

　教育は人の成長を支える実践なので、成長する人とその成長を支える人で構成されます。成長を支える人のことを「教え手」、成長する人を「学び手」と呼びます。現在の学校での教え手は主に教員ですが、事務の人が教え手として子どもに接することもあります。地域の人や保護者が教え手になることもあります。反対に学校での子どもは多くの場面で知識や技能の学び手です。しかし、場合によっては教員も学び手になるなど、立場が固定されているわけではありません。たとえば、今でも自然こそが理想の教え手だという主張がされることがありますが、これは近代18・19世紀のロマン主義の人間形成（bildung）の考え方に基づいています。

　近代から現在に至るまでの「人間形成」をめぐる議論は複雑なので、その議論を説明する前に、議論の前提にある近代教育の理念を見ておきましょう。近代には、個々人が自立して考え行動できるようになるという近代民主主義社会の理想があります。この理想の実現に向けて、フランス革命の時にコンドルセ（Marquis de Condorcet, Antoine Nicholas de Caritat, 1743-1794）が「公教育の全般的組織についての報告と法案」（1792年）をまとめ、以後、この法案を参照点として近代公教育制度が整えられてきました。この法案の中でコンドルセは、「すべての個人に、自らの欲求を満たし、幸福を保証し権利を認識して行使し義務を理解して履行する手段を提供すること」が教育の第1の目的であり、これは公権力の国民に対する義務であると宣言しました。この時から学校は、全ての人の自立を平等に確保するという目的に基づいて社会の中で

組織化されていきました。つまり、近代民主主義社会の理想に基づいた教育は、学校を中心に子どもたちが自立した個人になるための知識や技能の習得を助けることなのです。

第2節　人間の「発達」とは何か：二つの考え方

　このように、教育は人の成長を支える一連の実践で、特に近代における教育は、自立した個人になるために必要な知識や技能を大人が子どもに伝えていく取り組みを中心に組織されています。そして、この自立した個人になるという目的を支えたのが「発達」(development) という考え方です。

　近代以降、「発達」は人の成長段階の質的な変化を示す言葉として使われるようになります。発達においては、成長に伴う物事への理解の深まりが問題になります。そして、人は何をどのように理解していくのかが、長く議論の対象となってきました。この「人」としての発達論は、近代以前の封建制と対峙する意味もありとても重視されてきました。教え手が学び手に何を学ばせるのかを決めない、これからは「人がどう発達していくのか」という観点から教育内容や方法を導き出し体系的にカリキュラムを組み立てていくというのが、自立した個人を育てるという教育の課題に正面から取り組むことだと考えられたからです。

　こうした中で、19世紀のドイツにおいて、発達を倫理学や目的論から説明しようとする理論と、認識機能の成長という観点から説明しようとする理論、この二つが主要な理論になっていきます。

　まず、倫理学や目的論から発達を説明する考えは、ドイツロマン主義に特徴的な態度です。ロマン主義とは、個人の感性を重視し、その感性を揺さぶる自然の美しさに触れた経験を文学や音楽などで表現する立場のことです。先に挙げた「自然こそが教え手である」という考えは、ロマン主義の代表的な論者であるヘルダー (Johann

Gottfried Herder, 1744-1803) が導き出した理想の教師像でした。現在の政治哲学者であるテイラー（Charles Taylor, 1931-）によればヘルダーの感性に基づいた表現を重視する考え方は、現在では自分の「真正性（authenticity）」の理想、すなわち本物の自分を誠実に表現するという「自分らしさ」の理想となって、私たちに強い影響を与えています（テイラー 1996）。

　ヘルダーの場合、自分らしさは普遍的な自然との接触によって形成されていくと考えます。ヘルダーにおいては、自分と自然は切り離されません。そして、この自然と人との関係は文化の中で継承されていると考えました。ドイツでも他の文化でも、それぞれの文化の中心には、長い歴史の中で自然など普遍的なものとの関わりから導き出してきた人間の存在意義に関する理解があります（詳しくは第2章を参照のこと）。人は文化の中で育ち、大人になるにつれて、文化と照らし合わせて自分の自分らしさの価値を理解していきます。

　こうした考え方は文学でも「教養小説（bildungsroman）」と呼ばれる小説のジャンルを確立することになります。教養小説とは主人公の若者が現実と葛藤しながら自分の道をみつける成長物語のことです。ドイツの作家ゲーテ（Johann Wolfgang von Goethe, 1749-1832）の『ウィルヘルム・マイスター』はその代表作です。ゲーテのこの作品の主題も、個人になろうとして周りから孤立した自己（self）が自己の内面に普遍への感性を見出し、自然や世界との繋がりを取り戻す過程を人間形成（bildung）として描きだすことでした。

　しかし、一方でこうした自然や文化の捉え方は、人間の理性よりも圧倒的なものを人生の目的として位置付けるということでもあります。そのため、ロマン主義の人間形成論を政策に用いると、それは大人が先回りして子どもに特定の価値を教え込むことになります。実際にこの政策が社会の全体主義化の原因の一つとなって戦争の激

化につながったとして、第2次世界大戦後の教育学の反省点となっていきます。

　もう一つの発達論は、人間の認識機能の発達を判断の基準にします。ここでの発達の説明は、デカルト（René Descartes, 1596-1650）の心身二元論に依拠し精神と身体との明確な分離を前提に展開しました。デカルトは、物事（身体）を複雑な仕組みを持つ機械として説明する一方で、心（精神）は身体なしに思考することによってのみ存在すると論じました。結果、認識や知識は、精神とだけ結び付けられ、人間の認識の働きは身体の影響を受けない思考や自我（ego）、知性、知覚などの精神活動として分析されていきます。

　さらに19世紀のドイツにおいて、認識の仕組みと発達が結び付けられ、認識機能の成長という観点から発達が説明されていくことになります。まず、カントが人間の持つ認識機能に注目し、人間の事物の理解が人間の認識機能に制限されていると説明しました。カントの認識論によれば、人間は生まれつき感性や認識能力の形式を持ち、その形式の中で外からの感覚的経験を整理して認識しているのです。そのため、私たちの認識はその機能に制限されます。この認識機能に注目して積極的に活用し、学校における教授法を確立したのがヘルバルト（Johann Friedrich Herbart, 1776-1841）です。ヘルバルトは、子どもの学習過程を人間の認識機能による認識の過程になぞらえて4段階教授法を確立しました。ヘルバルトの教授法はその後様々なバリエーションが作られ、明治期の日本にも伝わって学校の教授方法として広く普及しました。

　その後、この認識機能に注目した発達論は、第2次世界大戦後の1950年代にピアジェ（Jean Piaget, 1896-1980）が発達心理学へと展開させていきます。ピアジェの発達心理学の特徴は、状況を認識する時の人の主体的な関わり方に注目した点にあります（生田2007）。ここでの主体性とは、自分の持つ認識能力を自分のいる

第1章　教育とは何か

場所で働かせて状況を判断することです。そして、その判断の内容
は学び手の認識能力の発達段階によります。教え手はこの発達段階
を踏まえて学び手の次の段階への移行のサポートができると考えら
れました。

　こうした発達心理学の主体性に注目した取り組みはさらに進んで
いきます。1970年代になると、状況の判断は単純に外部の情報を
内部の認識機能に還元するのではなく、その場の状況や文脈に依存
するという考え方が主流になっていきます。たとえば「窓が開いて
いる」という文章は、そのまま「窓が開いている」ことを説明して
いるのかもしれないですが、友人が風邪をひいているときのセリフ
なら「閉めてほしい窓が開いている」という意味で、私は「窓を閉
めよう」と判断し行動するかもしれません。こうした相手の状況を
踏まえて状況に対応し合う人間関係を近年の教育学や倫理学では、
ケア（care 気遣い）という倫理的な態度として注目しています。
他にも、「窓が開いている」というセリフを教員が生徒に言ったな
らばそれは「窓を閉めましょう、窓を閉めなさい」という意味かも
しれません。この場合は、教員と生徒というそれぞれの役割とその
役割が担うべきとされる態度が判断の材料に加わります。またこの
例から、状況の判断は文化によって異なるということもわかります。

　こうして認識の主体に注目した発達理論は、認識が単に人間の機
能として捉えられるものではなく、具体的な立場や状況を規定する
その場所の倫理や文化が大きく関わっていることを明らかにするに
至りました。そして、さらにここから認識の仕組みの2つの特徴が
明らかになります。まず、認識は精神的な活動に限定されず、具体
的な場所での活動を伴うという意味で、身体も含めた複合的な働き
であるということです。次に、私の内面の機能とその機能によって
理解される外部の文化や価値というように、自分の内面と外の世界
とを切り離すことができないということです。実はこのことは、人

15

の発達に関するロマン主義の視点に改めて向き合うことを意味します。現在では認識に基づいた発達論でも、ロマン主義が注目した発達の側面、つまり人が文化の中で自分らしさを理解し価値を認めていくことを抜きにして発達を考えることはできないのです。

　前述の通りロマン主義の発達の考え方では、自分のものの見方や価値判断の中に文化が組み込まれていて、その中には、その社会が自然など普遍的なものとの関わりの中で長い時間をかけて考えてきた人間の存在意義に関する理解も含まれています。文化的豊かさは自分の存在意義の豊かさにつながります。さらにこの発達の理解は全体主義の問題も抱えています。それでも、この問題も含めてロマン主義の観点から世界と自分との関係を見直し「自分らしさ」の内実を考え直すことは、現在の教育の諸課題を理解する上で避けられません。第3節ではその点をみていきましょう。

第3節　人々との間で「自分」を形成していく社会

　第2節で説明したように、自分らしさを理想とする社会では、社会の文化や倫理的な価値観を理解しながら自己を形成していきます。これは言い換えると、自分の内面と文化を完全に切り離して自分を理解することはできないということでした。しかし、現在の社会はこの発達の仕組みを理解するのが難しい状況にあります。

　現在の社会は、メリトクラシー（能力主義）の考え方が社会に浸透していて、結果、外部と切り離した「内面としての自分」という考え方が強調される傾向にあります。メリトクラシーとは、社会学者のヤング（Michael Young, 1915-2002）が1950年代に作った言葉で、学校が人々を平等に教育し、その結果獲得した業績を能力とみなして適切な職業や社会的地位へとそれぞれを割り当てるという考え方です。ヤングは、このメリトクラシーの考え方が職業や社会的地位に関わる多くの要素を個々人の内面の問題に還元してい

ることを指摘しました。第2節の認識に基づいた発達理論は、人間に内在する認識の機能を前提にしていましたが、メリトクラシーではそれ以上に学校教育で知識や技能をどれだけ獲得するかを個々人に内在する「能力」の問題とみなします。そして、この内面としての能力を適切に評価して職業を振り分けることができると考えるのです。しかも近年では本田が指摘するように、知識だけでなく意欲やコミュニケーション能力といったものまで能力とみなして、就業と結びつけるようになっています（本田2020）。

　こうした近年のメリトクラシーの説明では、内面としての私の努力が一層強調されます。そして努力を構成するものとして忍耐力や計画性をも積極的に評価しようとします。しかし、最近の教育格差の分析は、新しく加わった能力ほど家庭や地域など周囲の環境が反映されて、外部から切り離された自己の内面としての能力などは想定できないことを明らかにしています（松岡2019）。

　このような状況に対して、内面と外部とに完全に切り離さない子どもたちの自分らしさを育てる新しい教育のあり方が様々に検討されています。この後の第11章で議論されるシティズンシップ教育はその中心的な理論であり実践です。そのためシティズンシップ教育は後で学んでもらい、ここでは子どもが主体的に育っていく「遊び」についてみていきます。

　「遊び」も教育と同じくらい長い間、人の人らしい営みとしてこれまで論じられてきました。特に遊びの興味深い点は、人が遊びを通じてルールを身につける一方で、遊びはルールを変更する柔軟さを持つことです。フランスの歴史家であるカイヨワ（Roger Caillois, 1913-1978）は、著書『遊びと人間』（1958年）の中でこうした遊びの特徴に注目して人間形成における遊びの意義を論じました。まずカイヨワは、遊びが自由であるときこそ遊びの愉快な楽しみという性質が現れるといいます。遊びにとって自由と楽し

みが基本的な条件です。その上でカイヨワは、全ての遊びに、遊び
の結果がわからないことと遊びに対して人が創意工夫できるという
２つの特徴があると指摘します。たとえば、ルールのある遊びは、
ルールを守らないと遊べないですが、ルールは厳格なものではなく
電車の連結部のようなゆとりがあり即興的な反応を試し楽しむもの
であるといいます。

　このような自由で楽しいことを前提とする遊びですが、それゆえ
にリスクも伴います。それをカイヨワは「遊びの過剰」といいます。
たとえば、スポーツに夢中になりすぎると暴力や術策に走ったり権
力的になるなどが挙げられます。そうした過剰さのリスクの中には
全体主義も含まれます。皆が夢中になりすぎて勝ちに向けて一体化
しすぎてしまうのです。しかし、カイヨワは遊びの中には元々、そ
うしたリスクをコントロールする教育的働きもあるといいます。た
とえば、年長者が遊びを止めるタイミングを見計らったり、初参加
の人に合わせてルールを簡単にして彼らをチームに招き入れたりす
るのをカイヨワは教育的働きとみなしています。

　こうした遊びの特徴を生かして、子どもたちの「主体化」をサポ
ートする試みも考えられています。たとえば井谷は、遊びを通じて
失敗にこだわらず挑戦することを尊重し合うクラス作りを提案して
います。学校教育に遊びを取り入れることは、子どもが選んでする
遊びとはいえません。しかし、簡単なルールで挑戦しやすいこと、
誰もが失敗すること、それゆえに失敗しても笑って受け入れ合える
こと、この３つの条件が揃っていれば、子どもは夢中になって挑戦
し楽しんで遊ぶことができるでしょう。そして教師はこの遊びの経
験が他の活動にも活かされることを期待するのです（井谷 2018）。

　子どもたちはそれぞれに違う文化的・社会的な背景を持っていま
す。しかし、学校では児童や生徒として皆が自分で考えて行動する
という「主体性」を身につけていきます。子どもが主体化して自分

らしさを理解していくようになることが教育の目的の一つであるならば、仲間と挑戦したり失敗したりする「遊び」という経験は人間形成に欠かせないものです。そして学校でこうした多様な子どもの平等な主体化の機会を保障することが、現在の社会としての教育のあり方なのです。

〈引用・参考文献〉
・コンドルセ他、阪上孝編訳『フランス革命期の公教育論』岩波書店（2002年）
・チャールズ・テイラー「承認をめぐる政治」エイミー・ガットマン編、佐々木毅・辻康夫・向山恭一訳『マルチカルチュラリズム』岩波書店（1996年）37-110頁=Charles Taylor (1994) 'The Politics of Recognition', Amy Gutmann 'Multiculturalism Examining the Politics of Recognition', Princeton University Press.
・鈴木宏昭『私たちはどう学んでいるのか　創発から見る認知の変化』筑摩書房（2022年）
・生田久美子『「わざ」から知る』東京大学出版会（2007年）
・ガート・ビースタ、上野正道・藤井佳世・中村（新井）清二訳『民主主義を学習する　教育・生涯学習・シティズンシップ』勁草書房（2014年）
・本田由紀『教育は何を評価してきたのか』岩波書店（2020年）
・松岡亮二『教育格差──階層・地域・学歴』筑摩書房（2019年）
・ロジェ・カイヨワ、多田道太郎・塚崎幹夫訳『遊びと人間』講談社（1990年）
・井谷信彦「第18章　遊びで満たされた学びの舞台？　主体性の育成とパフォーマティブな学び」尾崎博美・井藤元編『ワークで学ぶ教育課程論』ナカニシヤ出版（2018年）243-255頁

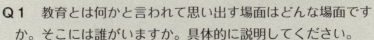

Q1　教育とは何かと言われて思い出す場面はどんな場面ですか。そこには誰がいますか。具体的に説明してください。
Q2　学校での遊びの意義について、カイヨワのいう遊びの特徴を踏まえて考えてみましょう。

遊びと学び

　本章で述べたように遊びと学びはどちらも私たちが人として育ち暮らすために欠かせない実践です。本章では「主体化」における遊びの役割を説明しましたが、ここでは人間形成における遊びの重要な役割を紹介します。それは、近年の「子ども哲学」という取り組みで注目されています。子ども哲学とは、子どもがする素朴で哲学的な問いをきっかけに子どもが世界と繋がり世界を理解していくことを目指した取り組みです。

　子どもは時に存在に関わる問いやその意味を探る問いを大人に投げかけます。たとえば、満開の花を見て子どもが「花はよろこんでいるかな？」と発する問いは、アリストテレスの「幸福とは何か？」という問いと同じものです。アリストテレスと違って子どもの場合は、人間である自分と植物である花とを区別せずに花の存在を肯定しています。しかしそれは、子どもの「自分」が育った時に、自分以外の存在を自分の役に立つかどうかだけで考えないようになるためにとても重要な経験です。

　この子ども哲学の実践に参加し研究している森田は、存在の肯定という経験はすでに乳児期の「いないいないばあ」の遊びから始まっているといいます。身近な大人が手で顔を隠していないふりをすると、最初は不安に思う子どもも、「ばあ」で顔が見えるとホッとします。慣れてくると子どもは顔が戻ってくるのを安心して待ち、期待通りになるのを喜びます。こうした遊びが、相手も自分もここに必ずいるという圧倒的な安心感をもたらし、子どもが理性的に存在を肯定できるようになるまでの道程を支えると森田は論じています。

〈参考文献〉
・ガレス・B・マシューズ、鈴木晶訳『子どもは小さな哲学者　合本版』新思索社（1996年）
・森田伸子『子どもと哲学を　問いから希望へ』勁草書房（2011年）

第1部　教育の歴史・思想

第2章　古代ギリシアから中世までの教育

矢田　訓子

はじめに

　現在の教育の見方や考え方は、紀元前5・4世紀、古代ギリシアのアテナイ（現在のアテネ）で生まれ引き継がれてきました。哲学者のソクラテスやプラトン、アリストテレスらは、若者たちやソフィストと呼ばれる人たちとの対話を通して哲学を生み事物の見方を整理しました。この哲学的な対話の中で教えることが注目され、哲学の一部として実践されていきます。中でもプラトンは、現在の教育学（pedagogy）の語源であるパイデイアという言葉を、慣習的な「子育て」以上の意味を持った「教育」として使い始めました。プラトンによって「教育」という言葉は、教え手が明確な意図を持って学び手に接し学び手を望ましい姿に変化させる一連の実践を指すようになったのです。そこで、この章ではまず、アテナイの社会でどのように哲学とともに教育が始まったのかを見てみましょう。

第1節　古代ギリシアの教育

1．ソフィストの教育

　紀元前5世紀のギリシアは、都市（ポリス）が国家の単位で都市国家ごとにそれぞれの政治体制で統治を行っていました。紀元前492年、ペルシアがギリシア地方に侵攻しペルシア戦争が始まると、ギリシアの都市国家は同盟を組んでペルシアに対抗しました。紀元前449年、この戦争はギリシア側の勝利で終わりましたが、この

第 I 部　教育の歴史・思想

時ギリシア側のリーダー的役割を担ったのがアテナイとスパルタでした。そして、スパルタが少数の支配集団による寡頭制を選択したのに対して、アテナイは貴族制から直接民主制へと移行しました。

　ペルシア戦争の初めのアテナイは貴族制でしたが、戦争の途中から貴族だけでなく平民も戦争に参加するようになりました。そのためペリクレス（Periklēs, BC495頃−BC429）をリーダーとして改革が行われ直接民主制へと移行しました。直接民主制では、市民全員が立法・行政・司法に関わることになります。それは、若者に自分の意見を政治に反映させたいという野望を抱かせました。こうした若者の願いに応えたのが、ソフィストでした。

　ソフィスト（sophists）とは、「知を持つ者」という意味で若者に説得の技法としてレトリック（修辞学）を教えることで生計を立てた職業教師の人々の総称です。彼らのレトリックは、その後のキリスト教の説教やディベートの技能として継承されていきます。

　代表的なソフィストにはプロタゴラス（Prōtagoras, BC490頃−BC420頃）やゴルギアス（Gorgias, BC483頃−BC376）がいます。彼らは小アジアやシチリアなど辺境の地の出身で、アテナイに来て自分の演説の上手さで人々を魅了し有名になりました。彼らのレトリックの特徴は、アテナイの人々が慣れ親しんでいるギリシア神話やギリシアの英雄たちをうたい継いだ文学作品である『ホメロス』や『イリアス』に加えて、自分の出身地の神話や英雄伝も利用し、それらを比較して今の自分のテーマに最も合った話を選びだして人々の心を動かし説得に利用する点にありました。人は説得力のある相手に意見を聞きたいと望み、その人を指導者とみなすようになります。若者はそうした指導者になることを目指して、レトリックを教えてもらおうとソフィストのところに通ったのです。このようにソフィストの教育は、アテナイの若者にレトリックの技法を授けることで、若者がアテナイの指導者になることを目指した実践

22

でした。

2．ソクラテスの教育

　こうしたソフィストの活動は、若者にだけでなくアテナイ市全体に大きな影響を与えました。アテナイの伝統を大切にする市民からは、ソフィストの教育はとても不評でした。たとえば喜劇作家のアリストファネス（Aristophanēs, BC446頃–BC385頃）は、戯曲『雲』の中で若者を自分勝手で堕落していると批判しています。興味深いのは、アテナイの伝統を重視するアリストファネスのような人々にとって、ソクラテス（Sōkratēs, BC470/469-BC399）もソフィストと同じ伝統を軽視する存在に映ったことです。プラトン（Platōn, BC428/429-BC348/347）の著作『饗宴』によれば、実際のソクラテスはソフィストが真実にはお構いなしに物事を美しく飾り立てるためにレトリックを使うことを厳しく批判しました。そして、みんなから美しいと賞賛される様々な物事、たとえば美しい景色、美しい馬などを集めて、事物の美しさを判断する基準としての「美しい」とは何かを知ろうとしました。

　ソクラテスは自分自身のことを知者（ソフィスト）ではなく、知を愛し求めているがまだ知には到達していない「愛知者（philosopher）」だと理解していました。そして、ソクラテスは、若者にもこの知の探求に参加するよう促しました。ソクラテスは、若者との論理的な対話を通して、若者の話の矛盾を指摘し自分の間違いに気づかせます。これを「無知の自覚」といいます。若者が無知を自覚するとソクラテスはこの若者を知の探求に誘うのです。このようにソクラテスは、ソフィストとは求める知も若者との関係も違っていました。

3．プラトンの教育

　都市国家アテナイは、紀元前431年からスパルタとペロポネソス戦争を始めます。紀元前404年にアテナイがスパルタに負けて

第Ⅰ部　教育の歴史・思想

この戦争は終わりますが、二つの国とも疲弊して衰退していきます。アテナイでは、この戦争中に社会に大損害を与えた若者たちの代わりにソクラテスはその責任を取らされ、裁判で死刑宣告を受けました。アテナイの市民たちが提出した告訴文には「ソクラテスは、国家の認める神々を信じることなく、新規なダイモニア（神霊）を持ち込んだこと」「若者たちを堕落させたこと」これらの罪は死に値するとありました。当時最も若い弟子の一人であったプラトンもこの死刑の様子を見ていました。そして、プラトンは直接民主制を疑い少数の支配層によって政治を行う寡頭制をモデルに理想国家や教育を思索することになります。プラトンは、ソクラテスの問いを引き継ぎつつ、アテナイの社会とは距離を置いて学校「アカデメイア」を設立し探求を続けました。

　プラトンは、著作『国家』第７巻の「洞窟の比喩」で教育を説明しています。洞窟の比喩では、市民が洞窟の壁に向かって手足を縛られて座っています。市民は洞窟の壁に映し出される影を現実だと思っています。そこへ洞窟の外からソクラテスにあたる人物が戻ってきて、洞窟の外を見に行こうと若者たちに声をかけます。その中で好奇心と勇気を持つ若者がソクラテスについて行く決断をします。この若者はソクラテスに手を引かれながら徐々に光に慣れていってついに洞窟の外に出ます。そして若者は、太陽に照らされた実際の世界を見るのです。プラトンは、洞窟の外の事物を照らす太陽を「善のイデア」の比喩だといいます。

　イデアとは、永遠不変の実在する真の事物のことです。それは完全で欠けるところがありません。イデアは世界のすべてのものにあり、たとえば机のイデアや椅子のイデアもあります。その中で最も重要なのが太陽にたとえられた善のイデアと真のイデア、美のイデアでした。イデアは、人の思惑を超えた普遍的な事物であり、それを知ることがプラトンにとってよく生きることでした。そのため、

24

プラトンにとって教育は、ソクラテスのような教え手が好奇心と勇気を持った学び手をイデアの探求に導くことが目的になります。そして、プラトンはこの一連の実践をパイデイア（教育）と呼びました。プラトン以降、教育は、教え手が意図を持って学び手に働きかけ、学び手が知識や技能を身につけながら望ましい姿に変化していくことを指す言葉になります。そして、教育の目的や学ぶべき内容、方法が吟味されていくことになります。

４．アリストテレスの教育

　プラトンの弟子のアリストテレス（Aristotelēs, BC384-BC322）は、マケドニア出身で、プラトンのアカデメイアに留学した後、一旦マケドニアに帰りアレクサンドロス大王となる王子の教育係を務めました。その後、またアテナイに戻ってリュケイオンに自分の学園を設立しました。アリストテレスは、プラトンの思想を土台としながらプラトンの思想を批判的に引き継ぎました。

　まず、アリストテレスは、プラトンとは違ってアテナイにとって適当な国政は民主制であるといいます。アレクサンドロス大王のような特出した人物のいないアテナイでは市民全員が国政に参加し最善の社会を目指すべきであると主張しました。

　アリストテレスによれば世界は諸事物のそれぞれの特徴が発揮された状態において調和します。その中で、人間に固有の特徴は言語を持つことです。アリストテレスは、『政治学』第1章第2巻で「人間はポリス的（社会的）動物である」といいます。アリストテレスによれば、自然の中で人間だけが言語を用い、その言語は、単に記号を伝え合うのとは違って善悪や正不正を伝え合うために用いられます。人々は家族や社会を作り言葉を掛け合ってよい生き方を目指します。このように、人は、人との関わりの中でのみ善悪に関わり善を目指すことができるという特徴があります。

　さらにアリストテレスは、著書『ニコマコス倫理学』で人間の特

徴を発揮しよく生きるためには、人として知性的な徳である知恵と倫理的な徳である勇気や節制、機知や温和さを身につける必要があるといいます。倫理的徳は、状況に応じて最善の行為を選択できる状態にあることをいいます。たとえば、勇気とは、いつでもどこでも怒るべき瞬間に適切な方法で怒りを表明できることです。怒るべき時に怯えて怒れないことも腹を立てすぎて暴力に走ることも適切ではありません。こうした徳の特徴を中庸といい、人々は中庸の徳を持つ人に信頼を寄せるのです。この中庸の徳は、ポリスの中で徳のある大人から子どもへと伝えられていきます。子どもは、徳を有する大人たちとの生活の中で中庸な態度を反復して習得していきます。アリストテレスにとって教育とはまず、ポリスの倫理的な徳を大人が子どもに身につけさせることでした。

　さらにアリストテレスは、閑暇の時間を大人たちが幸福を味わう時間と位置付けます。閑暇はギリシア語のスコレー（schole）の訳で学校（school）の語源です。アリストテレスは、仕事の時間と余暇の時間を対比させ、生活のためにする仕事の時間とは違い余暇の時間は自然学や詩学などの学問や芸術に専念することのできる自由で満ち足りた時間であるといいます。大人とは、仕事や政治をこなした上で、学芸に専念したり楽しんだりすることのできる存在なのです。そのため子どもの学ぶ科目もこうした大人になるために選ばれます。アリストテレスは初学の段階で学ぶ科目として、生活に役立つための読み書き、体育、図画、そして、余暇を楽しむための音楽の4科目を挙げます。

　このように古代ギリシアの教育は、真の幸福を理解し、その実現を目指す哲学的な生き方を模索する中で具体的な実践となっていきました。アテナイはその後、紀元前338年にマケドニアに編入され、ローマの支配下では文化都市として栄えることになります。

第2章　古代ギリシアから中世までの教育

第2節　古代ローマ・中世の教育

1．自由学芸

　古代ローマの共和制の時代（BC509-BC27）は、ローマからギリシアのアカデメイアに留学することも盛んで、ギリシア的教養を身につけ、普遍のレベルで物事を考えられる元老院の議員がよき人（boni）、よき自由人と呼ばれました。共和制末期の政治家で弁論家で哲学者であったキケロ（Marcus Tullius Cicero, BC106-AC43）は著作『弁論家について』において雄弁は最高の徳の一つだと語り、レトリックと哲学を結びつけています。また、そのためにキケロは若者に自由人にふさわしい諸学芸（artes liberales）を学ぶことを求めました。これが中世になると自由学芸（自由七科）となります。自由学芸は、文法、修辞学、弁証法の三学と算術、幾何学、音楽、天文学の四科で構成されるカリキュラムです。キケロは、幅広い知識を身につけることによって、人は専門知に閉じ込められることなく、社会に専門知を生かす自由を得ることができると考えました（加藤2009）。そしてこの自由学芸は、現在の高等教育の一般教養（liberal arts）に引き継がれていきます。

2．アウグスティヌス、キリスト教の教育

　紀元前27年に帝政になった後のローマでは、プラトンやアリストテレスの思想がキリスト教の中に取り込まれ継承されていきます。まず、プラトンの場合、新プラトン主義を経由したイデア論を、古代ローマの教父アウグスティヌス（Aurelius Augustinus, 354-430）が応用してキリスト教の教義体系を構築しました。

　アウグスティヌスは、西ローマ帝国の属州北アフリカの小都市タガステに生まれました。当時、西ローマ帝国では、313年にキリスト教が公認され392年に国教化されると、属州ごとに司教管区を設けるなど制度も整えられていきました。しかし、文化としては、

27

キケロをはじめギリシア・ローマの文芸の伝統も続いていました。
またキリスト教の理解も、解釈が乱立する状態でした。アウグスティヌスも学校で自由学芸を学びキケロを読みました。また、青年期になると善悪二元論に立ち悪からの救済を重視するマニ教に傾倒もしました。アウグスティヌスがはっきりとカトリック・キリスト教へと回心したのは388年、彼がローマの修辞学校で教師をしていた時でした。この時、アウグスティヌスは、目指すべきは、ただ悪から逃れるのではなく悪を抑えた上で善く生きようとすることであると自覚しました。そして、アウグスティヌスは、ギリシア・ローマの真の幸福の実現という哲学的な生き方とキリスト教の原罪を起点とする信仰とを結びつけて、これを神へと向かう学問の道として示したのです。

　アウグスティヌスと古代ギリシアの哲学者たちとの1番の違いは、目指すべき善が神となることによって、それ自体が人に内在すると考えられたことです。本当の教え手は目の前にいる教師ではく、学び手に内在する神です。そして神を頼りに知識を確かめることが重要になります（岡崎2000）。こうしたアウグスティヌスの思想は、その後、修道院の中で引き継がれていきます。日常生活を離れて暮らすことによって、禁欲的に信仰と学問に向き合うことができると考えられたのです。

３．中世、大学の始まりとスコラ哲学

　5世紀に入ると西ローマ帝国は、深刻化するゲルマン民族大移動による混乱から回復できずに解体します。9世紀になって、フランクのカール大帝（742/747-814）が新たな形で西ローマ帝国を再統一すると、カロリングルネサンスと呼ばれる時代を迎えます。カールは、文化的政策にも力を入れ、宮廷学校を設置したり、教区ごとに学校を設置することなどを命じました。しかし、カールの死後、西ヨーロッパは再び経済的、文化的に停滞します。

第2章　古代ギリシアから中世までの教育

　12世紀になると、商工業や農業を基盤として経済が発展し社会の新しい秩序が形作られていきます。特に都市部では、商工業の発達によってギルド（同業組合）が作られていきます。ギルドは、領主や教皇から特権として自治や自由を認められる組織でした。都市には、靴屋、パン屋、馬具屋、織物屋から公証人、弁護士などがいて、それぞれが職業ごとにギルドを組織しました。こうしたギルドのメンバーは親方と呼ばれる人たちで、それぞれの親方が弟子を住み込みで修行させて親方になるまで育てました。人々は、7歳くらいになると生まれた家から離れて親方のもとで一番下の見習いとして職人の人生を始めました。1960年代の歴史家アリエスが指摘したように、この頃には今のような家庭と学校とで守られ育てられる「子ども期」はなく、人は7歳ごろからいわば未熟な大人として人生をスタートさせたのです。その後、ギルドは宗教儀式を担う僧侶に低年齢の徒弟に向けた初等教育を任せるようになり、それが近代の市民の学校となっていきます。

　都市の多くの人々が徒弟制のライフコースを送る一方で、大学に進学するライフコースができたのもこの頃です。この頃、教師のギルドや学校が統合して大学（universitas）が生まれました。この時期に設立した大学には、法学を専門とするボローニャ大学、医学のサレルノ大学、神学のパリ大学などがあります。進学した学生はまず自由学芸を学んだのち専門領域を学び、卒業すると多くがその専門領域に関わる仕事に就きました。進学者は地主層や富裕層の子弟が中心ではありましたが、全ての者に開かれ、多くの場合、学費は奨学金で賄われました。

　13世紀、神学の中心であるパリ大学では、研究方法や教科書、教授法が確立し論理的な論証や議論が重視されるようになります。この学問的方法を共有する神学研究をスコラ哲学と呼びます。スコラ哲学は、アウグスティヌスに基づいたキリスト教思想の中でアリ

第 I 部　教育の歴史・思想

ストテレスの著作を理解することを主な課題としました。アリスト
テレスの著作の多くは西ヨーロッパではどこにあるかわからなくな
っていましたが、12世紀にビザンチン＊1からもたらされました。

　中世史研究者のガレン（2002）によると、スコラ哲学の学校で
は聖書とアリストテレスなど数人の権威ある「著作者」と教師とが
厳格に区別されました。教師は著作者と同じように自説を述べるこ
とをせず、「講読者」として著作の意味を説明するだけにしなけれ
ばなりません。学生たちにも教師の説明を著作者と並べて引用させ
るようなことをさせてはなりません。スコラ哲学の狙いは、アリス
トテレスの著作を自然についての普遍的な真理が書かれたものとし
て正確に読むことでした。そして、こうしたスコラ哲学の厳格さに
反発したのが、ルネサンスの人文主義の人々でした。

第3節　ルネサンス期の教育；ヒューマニズム

　ルネサンスは、15世紀から16世紀にかけてイタリアで始まり
全ヨーロッパに広がった文化的・社会的運動です。14世紀になる
と今度は、プラトンのギリシア語の原典がビザンチンから西ヨーロ
ッパに持ち込まれました。これをきっかけにギリシア語への関心が
高まり、古典をラテン語ではなくその著者の言葉で読むことが重要
だと考えられるようになっていきます。そして、原文に触れて著者
の人間性（humanity）を知ろうとする読み方が広がりました。こ
うした読み方を重視する立場を人文主義（humanitas）と呼びます。

　人文主義の代表作と呼ばれる『痴愚神礼讃』を書いたのがエラス
ムス（Desiderius Erasmus, 1469-1536）です。この著作でエ
ラスムスは、当時の教会制度を批判し、学識を誇りうぬぼれている
学者を笑いものにしました。

　また、エラスムスは著書『学習法について』（1512年）の中で、
当時の教師たちが語学教育においてラテン語の文法の細部までこだ

30

第2章　古代ギリシアから中世までの教育

わるために、生徒たちが苦しんでいると批判しました。そして、初歩の文法を教えたら次は会話に進み、その言語に慣れ親しむように仕向けることを勧めます。語学の勉強は「よき文学（bonae litterae）」を読み人間形成をするためにあります。ただし、エラスムスは、人文学者の中では聖書を読むことをより重要だと考える立場でもありました。聖書を読み倫理的・宗教的な内面を充実させる前段階として様々な原典に触れておくことが必要なのです（月村 2007）。

　エラスムスは、この頃ドイツで宗教改革（1517〜）を始めていたルター（Martin Luther, 1483-1546）から協力要請を受けます。ルターとエラスムスには聖書中心という共通点があり、エラスムスも最初はルターの要請に応えました。しかし、2年後、「救済はもっぱら神の意図によるのか」という問題で二人は決定的に対立し決別しました。ルターは救済の恩恵に与れるかどうかは人間が窺い知れない神の意図の問題であると論じました。一方、エラスムスは人々に「努力すること」を勧める主張を変えませんでした。人間の努力を尊重する点において、エラスムスは人文主義者だったのです。

　エラスムスとルターは決別しましたが、二人の著作はどちらもその頃発達した印刷術や流通システムに乗って、多くの人に読まれました。また、ルターの宗教改革をきっかけにして各地の言葉に聖書が翻訳された結果、ラテン語が衰退し「国語」が作られていきます。ルターの宗教改革の後、キリスト教はローマ教皇を中心としたカトリックとプロテスタントとの二つの宗派に分裂します。そして、宗教改革から101年後の1618年、三十年戦争が始まり、ヨーロッパ全体が宗派対立の戦争に巻き込まれていきます。こうした中で、全ての人が全てのことを学ぶ学校の構想を打ち出したコメニウスが登場します。

31

〈註〉
＊1　ビザンチンは東ローマ帝国の首都。395年にローマ帝国が東西に分裂した後、東ローマ帝国ではプラトンやアリストテレスを援用した独自のキリスト教神学を確立しました。これをビザンチン哲学といいます。11世紀末からの十字軍遠征をきっかけに東西の交流が復活し、15世紀の東ローマ帝国の衰退とともにビザンチンの研究者たちの多くが西ヨーロッパに移動しました。

〈引用・参考文献〉
・プラトン、久保勉訳『饗宴』岩波書店（1952年）
・プラトン、藤沢令夫訳『国家』（上・下）岩波書店（1979年）
・アリストテレス、牛田徳子訳『政治学』京都大学学術出版会（2001年）
・キケロー、大西英文訳『弁論家について』（上・下）岩波書店（2005年）
・岡崎和子「第2章　信仰の時代─西欧の教師・アウグスティヌス」沼田裕之・加藤守通編著『文化史としての教育思想史』福村出版（2000年）42-61頁
・エウジェニーオ・ガレン、近藤恒一訳『ルネサンスの教育』知泉書館（2002年）
・フィリップ・アリエス、杉山光信・杉山恵美子訳『〈子供〉の誕生：アンシァン・レジーム期の子供と家族生活』みすず書房（1980年）
・月村辰雄「Ⅷエラスムス」伊藤博明責任編集『哲学の歴史　第4巻　ルネサンス 15-16世紀』中央公論新社（2007年）310-337頁
・加藤守通「第1講レトリックと教育」15-30頁、「第2講哲学と教育」31-48頁、「第4講ルネサンスとヒューマニズム」69-84頁、今井康雄編著『教育思想史』有斐閣（2009年）

Q1　この章に登場した人々の教育観を参照しながら、よい教育とは何かを考えて説明してください。
Q2　アリストテレスの仕事と閑暇（スコレー）についての考え方と自分の考え方とを比較して、共通点と相違点を説明してください。

第2章　古代ギリシアから中世までの教育

コラム

アリストテレスと現代社会

　アリストテレスは、特出した人のいないアテナイの社会では民主制を選び、市民全員が政治に関わり善い政治を目指すべきだとしました。教育を受けて徳を獲得した市民たちが取り組むべき政治の重要な課題は、仕事に関わる資源を適切に分配することでした。仕事の能力は個々人によるので、社会の限りある資源をそれに応じて正確に振り分ける必要があります。たとえば最も美しい音を奏でる笛は、笛を最もよく奏でられる人に分配すべきだとアリストテレスはいいます。そして、皆がこの考え方に合意して資源を配ると、人は自分に見合った資源を得て仕事の能力を発揮させ、職業人としての幸福も得ることになります。こうした状態をアリストテレスは社会の調和とみなし、この調和を分配の正義と呼びました。

　この分配の正義は、1970年代アメリカの政治哲学者ロールズ（John Rawls, 1921-2002）が『正義論』（1971年）として再び取り上げることになります。ロールズは、現代社会ではその人の特徴はその人自身が考える個人の自由の領域のことで、社会の合意が必要な問題ではないといいます。社会としての課題は、その資源を欲しいと思う全ての人が欲しいと手を挙げられているかどうかです。これはたとえば教育の機会などが対象になります。ロールズは、単に資源を同量に分け合うのではなく、過去の誤った差別による不平等を解消する分配の仕方を考えていきます。そして、不平等を解消するための不平等な分配を認めること、その分配の方法が公開されていて検証可能であることを公平・公正（fair）と呼びます。ロールズは、資源を公平・公正に分けて人々の自由が平等になることを現代社会の正義だと考えました。このロールズの考えは、合理的配慮にも展開していきます。

〈参考文献〉ジョン・ロールズ、川本隆史・福間聡・神島裕子訳『改訂版　正義論』紀伊國屋書店（2010年）

第 I 部　教育の歴史・思想

第3章　諸外国の教育思想

山田　知代

はじめに

　本章では、現代の教育の基盤を築いた諸外国の教育思想を扱います。第 1 節ではコメニウス、ロック、ルソーを中心に 17・18 世紀における近代教育思想の形成を概観し、第 2 節ではペスタロッチ、フレーベルを中心に、19 世紀に近代教育思想がどのように展開されたかを扱います。そして第 3 節では、19 世紀末から 20 世紀初頭にかけて欧米を中心に展開された新教育運動を取り上げます。

第 1 節　17・18 世紀の教育と近代教育思想の形成

１．コメニウス

⑴　汎知学

　「学校」の風景を思い浮かべるとき、教室で黒板の前に一人の教師が立ち、児童生徒は机に教科書を出して授業を受けている、という構図を思い浮かべる人も多いでしょう。子どもの年齢ごとに学年が編成され、教科書を使用して学び、一人の教師対多数の児童生徒という一斉教授の方法がとられている。こうした現代の学校教育の原型は、特に 19 世紀後半以降の近代国民国家において展開された公教育の中で制度化されてきましたが、その近代学校の構想を打ち立てた教育思想家とされているのが、ヨハネス・アモス・コメニウス（1592-1670）です（北詰 2009：85 頁）。

　コメニウスが生きた 17 世紀のヨーロッパは、社会に大きな混乱

第3章　諸外国の教育思想

や変革が訪れた時代でした。チェコ共和国モラヴィア生まれのコメニウスは、1618年に牧師となりましたが、三十年戦争（1618-1648）において信仰上の理由で迫害され、ポーランド、イングランド、オランダなどを転々としました。コメニウスが子どもの教育を重視するに至ったのは、このような世界の混乱を克服し平和を再建するためでした。そのために必要な全ての知識を最も効果的に教えるというのが彼の「教授」のねらいであり、それにはまた、統一的な知識体系をつくりあげて人類共通の陶冶財にすることが必要であると考え、コメニウスは生涯を通じて「汎知学」（Pansophia）を目指しました（井ノ口 1998：66頁）。汎知学とは、広くあらゆる知識を網羅する学問という意味です。

⑵ 『大教授学』

　コメニウスの著作『大教授学』（1657年）では、その副題に、「あらゆる人に、あらゆる事柄を教授する、普遍的な技法を提示する大教授学」と掲げられています。そして「教授学の目指す全目的は、専ら教師は教えること少くして、生徒はそれによって学ぶことが却って多いような教授法、学校が在来のように喧噪、嫌悪、徒労の場所とならずして、享楽及び堅実なる進歩の場所となるような方法、キリスト教社会が在来のように暗黒、混乱、軋轢の場所とならずして、それによって却ってより多くの光明と秩序と平和と休息とを得るような教授法を探求し発見すること」[*1]としています。

　では、コメニウスが示した教授法をいくつか見てみましょう。第一に、コメニウスは、教育の過程を容易で楽しいものとするために、「教授及び学習を容易にするための原理」（第17章）を考察し、「自然は急がないでゆっくりと進む」、「自然は容易なることから困難なることへと進歩する」というように、段階を追って教えることを強調しました。この時代には、ラテン語や修辞学を学ぶ学校が多く、いきなり難解な言語や文法を無理矢理にでも覚えさせることが一般

35

第 I 部　教育の歴史・思想

的だったようで、コメニウスは、生徒に強制的に記憶させることをできるだけ少なくし、発達する生徒の理解力に適合するように内容を配列すること、できるだけ感覚活動を取り入れて生徒が容易に学習できるようにすること（たとえば、教室の壁に教訓、絵画、図表などを掲示する等）などを求めています。

　第二に、「教授における簡潔と迅速との原理」（第19章）の考察では、「各学校、或は少くとも各学級には、ただ一人の教師があるべきである」などと提言されています。コメニウスによれば、今までは一学級の全生徒に対して同時に教授する方法が知られていなかったようで、多数の生徒がいる場合は個人教授する教師の苦労が多く、一方で生徒も自分の順番が来るまで待たなければならなかったといいます。そこで、効率のよい一斉教授法を提案し、また、学習の容易さの徹底と書取りや書写にかかる時間の節約のために教科書を使用した教授法を推奨しました。生徒にとっても教師にとっても、効果的で効率的な教授法を目指したのです。

　教科書の使用を推奨したコメニウスが作成した、世界初の子どものための「絵入り教科書」として有名なのが『世界図絵』（1658年）です。「雲」「海の魚と貝」「勇気」「正義」「学校」など150の項目について、絵（木版画）とやさしい文章で説明したものです。子どもは絵を楽しむという特性を活かし、学校が楽しく喜びを感じられる場所になるようにという願いが込められた教科書となっています。

出典：J.A.コメニウス、井ノ口淳三訳『世界図絵』平凡社（1995年）330頁より引用

図3－1　世界図絵（少年の遊び）

36

第3章　諸外国の教育思想

(3)　コメニウスの子ども観・教育観

　『大教授学』では30を超える教授原則が論じられましたが、コメニウス自身は、こうした教授法を、当時普及しつつあった印刷術にたとえて「教授書写術」と呼びました。その理由は、「印刷術が、外面的に紙の上に活字を印刷するのと同様に、教育は知識を心の上に印象づけるものである」（『大教授学』382頁）と考えたためです。コメニウスは、「紙の代りに我々は生徒を有していて、我々はその心に知識の象徴を刻印しなければならない。活字の代りに教科書その他教授の技術を容易にするために工夫せられた様々の教具を有している。インキは教師の声によって、とって代られる。なぜならば、声は書物から聴講者の心へと、知識を持ち運ぶものであるからである。一方印刷機は、生徒をば常に勤勉に働かしめ、学習に向ってその心を推進せしめる所の学校訓練に相当するのである。」（383頁）と述べています。子どもを紙として見る子ども観は、次項で扱うジョン・ロックにも通じるところです。

２．ジョン・ロック

　コメニウスの教育思想は、ヨーロッパ各地に広がっていきました。1641年、コメニウスはイギリスに出向いたとされていますが、当時のイギリスは、清教徒革命（ピューリタン革命）や名誉革命といった、市民革命の時代を迎えていました。そうした革命期の理論的な支柱として活躍したのがジョン・ロック（1632-1704）です。

　ロックは、著書『人間知性論』（1689年）の中で、デカルト（1596-1650）ら合理論者が認めていた、人間の生得観念（人間の精神に生まれながらに備わっている観念）を否定しました。もし知識が生得的に人間に備わっているものだとすれば、生まれながらにして子どもは「やってよいこと」や「やってはいけないこと」などの道徳を知っているということになります。ロックは、この考えに疑問を抱き、生まれた後に「経験」を重ねていくことで、善悪を

37

第1部　教育の歴史・思想

はじめとする知識を獲得するのではないかと考えました。このように、経験を重要視する「経験論」の立場では、知識や習慣は経験を通じて身についていくため、子どもにいつどのような経験をさせるかが教育上の重要な課題となります（宇内 2023：51 頁）。

　ロックは、著書『教育に関する考察』（1693 年）の中で、将来ジェントルマンとなるべき子どもの教育論を展開しました。同書は、ロックが友人に宛てた子育ての助言のための手紙がもとになっており、ジェントルマンの子どもを有徳かつ勤勉な実務家として教育するための方法が書かれています。教育は、知育、徳育、体育といったカテゴリーに分けることができますが、その中でロックが重要視したのは徳育でした。そして、子どもたちが「徳」を身につけるためには、習慣形成が必要であると考えました。

　ロックは、人は生まれた当初は何も書かれていない白紙（タブラ・ラサ）[2] のような存在であり、形を自由に変えられる蜜蝋のようなものだと捉えています。しかし実際には、生まれたばかりの子どもにも、感覚や活動の衝動などは自然の傾向として備わっています。この自然の傾向は、ともすれば過度な欲望やわがままなどにつながる可能性があるため、周囲の大人が適切な習慣づけをして、欲望を理性でコントロールできるよう育てることが大切である、とロックは説きました（鈴木 2018：54–55 頁）。習慣づけを重視する『教育に関する考察』の大半はしつけの方法に割かれており、家庭教育の重要性を示すものでした。

3．ルソー

　次に取り上げるジャン・ジャック・ルソー（1712–1778）は、フランス革命前夜の絶対王政の時代を生きた、18 世紀の思想家です。ルソーは、ジュネーブの時計職人の子として生まれましたが、生まれてすぐに母を亡くし、16 歳で祖国を出て放浪の旅に出た後、フランスで活躍しました。

第3章 諸外国の教育思想

ルソーの著書『エミール』（1762年）の序には、「人は子どもというものを知らない。……かれらは子どものうちに大人をもとめ、大人になるまえに子どもがどういうものであるかを考えない。」（22-23頁）[*3]という有名な一節があります。大人になる前の子どもが、どのような存在であるかを知るよう呼びかける『エミール』は、「子ども発見の書」とも呼ばれています。

出典：Collections des musées de France (Joconde)

図3-2 ルソーの肖像画

その背景には、近代以前の社会では7、8歳になると労働に従事しており、明確な子ども期が存在せず、子どもは「小さい大人」として考えられていたという見方があります。20世紀の歴史家であるフィリップ・アリエス（1914-1984）は著書『〈子供〉の誕生』の中で、「中世社会では、子供期という観念は存在していなかった」[*4]と主張しました。アリエスによれば、「大人とは区別される存在としての子ども、保護され、可愛がられる対象としての子どもは、西欧近代において長い時間をかけて形成され、人々に受け入れられていった観念」であるとされています（宇内2023：55頁）。今のようには子どもが子どもとして考えられていなかったヨーロッパで、ルソーは子どもを発見し、子どもには子ども特有のものの見方、考え方、感じ方があると述べたのです。

さて、『エミール』という作品は、エミールという架空の少年が生まれたときから結婚して独り立ちするまでを、一人の教師が導いていくという小説風の本です。エミールが0歳～1歳頃まで（乳児期）、言葉を覚え始める1歳頃～12歳頃まで（幼児期～学童期）、12歳頃～15歳頃まで（青年前期）、15歳頃～20歳頃まで（青年中期）、20歳頃～結婚するまで（青年後期）の計5編から成ります。ルソーは、「人生のもっとも危険な期間は生まれたときから

39

第 I 部　教育の歴史・思想

12歳までの時期だ」と言い、「初期の教育はだから純粋に消極的でなければならない。それは美徳や真理を教えることではなく、心を不徳から、精神を誤謬からまもってやることにある。」と説きます（171頁）。人間はよい者として生まれるが、社会は人間を堕落させる、というのがルソーの根本命題であり[5]、教育においても、「子どもを自然の発育にまかせ、教師はただ外部からの悪い影響をふせいでやる」こと（消極的な教育）を重要な方針としたのです（今野1962：7頁）。

　『エミール』の中には、ロックへの言及が度々登場します。「消極教育」といわれるルソーの教育思想からすると、ロックの教育思想には批判的な立場でした。ロックは、子どもに習慣を形成し、有徳となるように理性を育成することを説きましたが、ルソーにとって理性とは、人間のあらゆる能力を複合したものにほかならず、「もっとも困難な道を通って、そしてもっともおそく発達するもの」で、理性によって子どもを教育しようとすることは「終わりにあるものからはじめることだ」と述べています（160頁）。ルソーは、「子ども時代は理性の眠りの時期」である（211頁）といい、子どもは理性ではなく感性で世界を把握するものであるから、理性を早くから教育することには否定的でした。

　また、子どもの教育において感性を大切にするルソーは、勉強においてもまず言葉や記号を学ぶのではなく、子どもが実物を体感することを重視します。「わたしはことばでする説明は好まない。年少の者はそれにあまり注意をはらわないし、ほとんど記憶にとどめない。実物！実物！わたしたちはことばに力をあたえすぎている」（409頁）と『エミール』で書かれているように、この時期の教育は、言葉で教えるのではなく事物を五官の前に提示して、子どもが様々な体験を通じて、事物を理解するのに必要な経験や観念を積むことが重要であるとしたのです。こうしたルソーの指摘は、第2節

第3章　諸外国の教育思想

で取り上げるペスタロッチにも影響を与えました。

第2節　19世紀の教育と近代教育思想の展開

　19世紀は、今日の学校や教育につながる基本的な枠組みがつくられた時代です。その背景には、近代国民国家の成立がありました。市民革命の後、国の統治を王ではなく国民が行うという国民主権という考え方が登場し、国境を画定して、そこに住む人々を国民として統合する必要性が出てきました。西欧では、一部の特権階級の人々のために行われていた教育が社会の全ての子どもたちを対象として構想され整備されるようになり、特に19世紀後半以降に公教育制度が整えられていきました。第2節では、19世紀を生きた教育実践家としてペスタロッチとフレーベルの教育思想を概観します。

1．ペスタロッチ

　ヨハン・ハインリッヒ・ペスタロッチ（1746-1827）は、貧民や孤児を救済するための教育に生涯を捧げたスイスの教育実践家です。スイスのチューリッヒで生まれ、幼少期に父親を亡くしたペスタロッチは、チューリッヒ唯一の高等教育機関であるコレギウム・カロリヌムに進学しました。ペスタロッチがコレギウム・カロリヌムに入学した前年（1762年）に、ルソーの『社会契約論』と『エミール』が刊行され、この二作はフランス当局によって発禁処分にされましたが、ルソーの思想はチューリッヒの学者や学生たちに多大な影響を与えたとされ、ペスタロッチ自身もこの頃から『エミール』を読んでいたといわれています（数年後の1767年、ペスタロッチは恋人に宛てた手紙の中で『エミール』を読むよう薦めていたようです）（長尾・福田2014：30-31頁）。

　父親を早くに亡くしたペスタロッチは、子どもの頃、チューリッヒ郊外のヘンク村で牧師をしていた祖父のもとで夏期休暇を過ごすことがありました。この時、農村の窮状を知った経験から、農業改

41

第 I 部　教育の歴史・思想

良家になることを目指して農場を開き、ノイホーフ（「新しい農園」という意味）と名付けました。しかし、凶作等の影響もあり２年後に破綻してしまいます。その後、借金を抱えながらも、農場を用いて貧民の子どもたちを集め、経済的に自立するための職業的技術をつけさせるため貧民学校を開きますが、これも数年のうちに経営に行き詰まり、ペスタロッチは長い失意の時を過ごしました。この期間に、ノイホーフでの教育実践について書いた『隠者の夕暮』（1780 年）などの執筆活動を行いました。

　スイスの隣国フランスでは、1789 年からフランス革命が行われており、その余波はスイスにも及びました。フランス軍に焼き討ちにされ多数の孤児が発生したことから、ペスタロッチはスイス革命政府（ベルヴェチア共和国）＊6 に教育の支援を申し入れ、1798 年に 53 歳にしてシュタンツの孤児院の運営を任されました。孤児院での教育実践は充実したものでしたが、わずか半年後の 1799 年に孤児院は閉鎖されることとなりました。この時の経験を報告したのが、『シュタンツだより』（1799 年執筆、1807 年出版）です。

　その後、ペスタロッチは、ブルクドルフの学校での大衆教育の実践を通じて、メトーデと呼ばれる教授法を開発しました。「メトーデ」とは直観教授法のことで、言葉や文字の学習よりも、まず事物の認識能力、すなわち直観を成熟させることから出発して明瞭な概念へと高めていくことを目指す教授法です。論文「メトーデ」（1800 年）では、メトーデについて、「わたしたちは名前の知識を通して事物の知識へ子供を導くか、それとも事物の知識を通して名前の知識へ子供を導くか、そのいずれかである。後のやり方がわたしのやり方だ。わたしはいたるところで直観を言葉に先立たせ、確かな知識を判断に先立たせる。」＊7 と述べています。子どもには、抽象的概念を教える前にまず具体的事象に触れさせて直観の基礎基本＝ＡＢＣを働かせることが重要だと考え、「数」「形」「語」の３

要素に代表される基本的な感覚認識を「直観のＡＢＣ」と呼びました。1801年には、『ゲルトルートはいかにしてその子を教うるか』を刊行し直観教授法をさらに紹介したことで、彼の名はヨーロッパ中に知れ渡ることとなりました。しかし、ブルクドルフの学園は、1803年のヘルヴェチア共和国の崩壊に伴い終わりを迎えます。

　その後も、新たな地イヴェルドンで学園を開設したペスタロッチは活動を続け、ヨーロッパ各地からやってきた研修生たちと共にメトーデを発展させ、自らの教育を「基礎陶冶」と規定しました。陶冶とは自己形成を意味し、基礎陶冶とは、「外から知識や技能（すなわち文化）や社会的慣習を教え込む教育ではなく、ルソー以来の「内からの展開」を目指す合自然的教育である」とされています（眞壁2020：277頁）。ペスタロッチは晩年、「生活が陶冶する」という言葉を残しました。教育的働きかけは特別のものではなく、子どもが自分自身で日常的に営む生活行動が自己を形成する、ということです。また、「居間の教育」といったキーワードを用いて、理想的な家庭環境が子どもの健全な育成に欠かせないことを強調しました。日本では、明治期前半にペスタロッチ主義教授法が紹介され、掛図などの視覚教材が取り入れられるなど教育実践に影響を及ぼしましたが、その後衰退し、特に注目されるようになったのは大正自由教育運動の頃でした（長尾・福田2014：186-187頁）。

２．フレーベル

　フリードリヒ・フレーベル（1782-1852）は、ルソーやペスタロッチの影響を受けながら、世界で初めての幼稚園（kindergarten）をつくった人物として有名です。フレーベルは、ドイツで牧師の6番目の子として生まれましたが、生後9か月で母親が亡くなり、幼いフレーベルは継母から関心を示されず、放任されて孤独な幼少期を過ごしました（小笠原2014：14頁）。建築家を志したものの教師となったフレーベルは、1805年にイヴェルドンのペスタロッチ

第 I 部　教育の歴史・思想

の学園に 2 週間滞在して見学をしています。さらに、1808 年から 2 年間、家庭教師先の子どもたちを連れてイヴェルドンの学園に長期滞在するなど、ペスタロッチから大きな影響を受けました（小笠原 2014：53-59 頁）。

　フレーベルが幼児教育への道を歩んだ直接のきっかけは、1835 年から 1 年間院長を務めたブルクドルフ孤児院における教育活動でした（船越 2010：78 頁）。孤児院で幼児を観察する中で、遊びや作業を主とする幼児教育方法に関する考えが芽生え、1837 年、「幼児と青少年の作業衝動を育むための施設」を開設し、「恩物」という遊具の製作にとりかかったとされています（船越 2010：78 頁）。そして 1839 年からは、恩物を使った遊びを指導できる指導者を育てるために保育者養成に着手し、講習生が実習をするために幼稚園の前身となる「遊びと作業の施設」を創設し、これを 1840 年にキンダーガルテン（kindergarten、「子どもの庭」の意味）と改称したことで、世界初の幼稚園が生まれました（船越 2010：78-79 頁）。これまでの就学前施設とは異なり、単に子どもを預かるだけでなく、フレーベルの一貫した教育思想のもとで、遊びや作業を通して子どもの発達を促そうとする点が特徴的でした。

　キンダーガルテンの設立趣意書には、「神の保護と経験豊かで洞察のすぐれた園丁の配慮とのもとにある庭においては、植物が自然と調和して育てられるように、このドイツ幼稚園では、人間というもっとも高貴な植物、すなわち人類の萌芽でありまた一員である子どもたちが、自己、神および自然と一致して教育される」[*8]と書かれています。フレーベルが、子どもを植物としてイメージしていたことがわかります。

　また、フレーベルは、人間の発達にとって、幼児期の「遊び」を重視しました。著書『人間の教育』（1826 年）では、「力いっぱいに、また自発的に、黙々と、忍耐づよく、身体が疲れきるまで根気

よく遊ぶ子どもは、また必ずや逞しい、寡黙な、忍耐づよい、他人の幸福と自分の幸福のために、献身的に尽すような人間になるであろう。この時期の子どもの生命の最も美しい現われは、遊戯中の子どもではなかろうか。──自分の遊戯に没頭しきっている子ども──遊戯に全く没頭しているうちに眠りこんでしまった子供──ではなかろうか。」[*9]と記しています。フレーベルの幼児教育学は、オランダ、スイス、アメリカなど各国に影響を与え、日本でも、1876年に東京女子師範学校附属幼稚園が開設されフレーベル式の幼児教育が取り入れられました。

第3節　20世紀の教育と新教育運動

　19世紀後半以降、先進諸国では公教育の仕組みが整えられ、すべての国民に教育を保障するという理念が実現されていきました。その反面、学校に通う子どもの数が増加したこともあり、学校では教師や教科書中心の画一的な教育が行われ、19世紀末から20世紀初頭にかけて、欧米を中心に、こうした伝統的な教育の在り方を変革しようとする動きが出てきました。「ルソー、ペスタロッチ、フレーベルらの自然主義的な教育思想を継承して、教師や教科書を中心とした教育を『旧教育』と呼んで批判し、子どもの個性、自由、興味、自然な発達を重視する『新教育』を展開しようとした」のです（上野2022：24頁）。新教育運動と呼ばれるものです。新教育は、アメリカでは進歩主義教育、ドイツでは改革教育、日本では大正自由教育といわれるなど、国によって呼び方や内実も様々でしたが、中心となる思想にはある程度の共通性がありました。その一つが「子ども中心主義」、もう一つが「経験科学的な教育学」です（岸本2018：72頁）。一つ目の「子ども中心主義」とは、文字通り子どもを教育の中心に据え、子どもにとってどのような知識・技能、経験が必要か、子どもはどのように学ぶのかといった、子ども

第 I 部　教育の歴史・思想

の側からの教育理論や実践を再構成することです。そして二つ目の
「経験科学的な教育学」とは、それまでの教育学が思想家個人の経
験から練り上げられた思考の産物であったり、倫理学や哲学的心理
学等の他領域の学問を参照しつつ導き出されたものであったりした
のに対し、実験や測定といった手続きが教育に関する知を生み出す
重要な手段として考えられるようになったということです（岸本
2018：72頁）。

　アメリカの進歩主義教育運動の中心的存在が、哲学者・教育学者
であるジョン・デューイ（1859–1952）でした。デューイの思想
には、子ども中心主義的な要素があります。彼は、著書『学校と社
会』（1899年）の中で、「いまやわれわれの教育に到来しつつある
変革は、重力の中心の移動である。それはコペルニクスによって天
体の中心が地球から太陽に移されたときと同様の変革であり革命で
ある。このたびは子どもが太陽となり、その周囲を教育の諸々のい
となみが回転する。子どもが中心であり、この中心のまわりに諸々
のいとなみが組織される。」[10] という有名な一節を残しました（教
育におけるコペルニクス的転回）。子どもは太陽で中心にあり、そ
の周囲に教師や教科書などが衛星のように張り巡らされ、子どもの
経験の中にそれらが有機的に取り込まれていくことで子どもが成長
するというイメージです。また、デューイによる「為すことによっ
て学ぶ」（learning by doing）という言葉も広く知られています。

　こうしたデューイの考えを反映した実践として、1896年に創設
されたシカゴ大学附属小学校（1902年に「実験学校（ラボラトリ
ー・スクール）」と改称）での取り組みがあります。ここでデュー
イが行った試みは、著書『学校と社会』で報告されていますが、そ
の一例を挙げると、「仕事（オキュペーション）」と呼ばれる主題探
求型のプロジェクトの学びがあります。オキュペーションには、木
材と道具による工作室作業、調理や裁縫、織物作業などがあります

第3章　諸外国の教育思想

が、デューイは、こうした活動を子どもの個人的生活と社会的生活とを結びつける生活経験として重視しました。デューイは、自然や実際の物、素材にじかに触れることで、それらがどうやって扱われ、社会の中でどのように必要とされ、活用されているかを理解し、それが「観察力」や「創意工夫して何かを構想する創造力」「論理的思考力」等を育むものになると考えました（上野 2022：41 頁）。たとえば、亜麻、綿の木、羊毛といった原材料に触れさせることで、木綿の繊維と羊毛の繊維を比較し、羊毛産業に比べて木綿産業の発展が遅れた理由は手作業で種から綿花をはぎ取る作業が骨の折れる仕事であったからということを学ぶ、という具合です（上野 2022：40 頁）。

　デューイの経験主義教育は、第二次世界戦後の日本の教育、特に問題解決学習に強く影響し、その後は平成元年版学習指導要領における生活科の新設や、平成 10 年版学習指導要領における総合的な学習の時間の登場によっても日本にインパクトを与えてきました。

〈註〉
＊１　コメニウス著、稲富栄次郎訳『大教授学』玉川大学出版部（1956 年）14 頁。以下、『大教授学』の頁数は同書籍からの引用です。
＊２　タブラ（tabula）とは板、ラサ（rasa）は滑らかなという意味のラテン語で、何も書かれていない板というのが原義です。
＊３　以下、第１節の頁数は、ルソー著、今野一雄訳『エミール（上）』岩波書店（1962 年）からの引用です。
＊４　フィリップ・アリエス著、杉山光信・杉山恵美子訳『〈子供〉の誕生―アンシャン・レジーム期の子供と家族生活』みすず書房（1980 年）122 頁。
＊５　当時の絶対王政下のフランスにおいて、ルソーは封建的な身分社会制度が生まれたときは善良であった人間を邪悪なものにしてしまうと考えていました。
＊６　1798 年、フランス革命政府の強力な影響のもとで、これまでのスイス連邦に代わって、スイス革命政府、すなわちヘルヴェチア共和国が成立しました。1803 年までの５年間の短命政権でした。
＊７　ペスタロッチー著、長田新訳「メトーデ―人間教育への序説―」長田新

第Ⅰ部　教育の歴史・思想

　訳者代表『ペスタロッチー全集第8巻　第2版』平凡社（1974年）239頁。
＊8　小原國芳・荘司雅子監修『フレーベル全集第5巻　続幼稚園教育学・
　　母の歌と愛撫の歌』玉川大学出版部（1981年）105頁。
＊9　フレーベル著、荒井武訳『人間の教育（上）』岩波書店（1964年）71
　　頁。
＊10　デューイ著、宮原誠一訳『学校と社会　改版』岩波書店（2005年）
　　49-50頁。

〈参考文献〉
・井ノ口淳三『コメニウス教育学の研究』ミネルヴァ書房（1998年）
・上野正道『ジョン・デューイ』岩波書店（2022年）
・宇内一文編『教職のための学校と教育の思想と歴史　第2版』三恵社（2019
　年）
・小笠原道雄『新装版フレーベル　人と思想164』清水書院（2014年）
・岸本智典「教育の歴史④海外の教育史（近代教育学の成立〜新教育運動）」
　島田和幸・髙宮正貴編著『教育原理』ミネルヴァ書房（2018年）64-75
　頁
・北詰裕子「コメニウス」今井康雄編『教育思想史』有斐閣（2009年）
・小宮芳幸「国民教育の思想Ⅰ—ペスタロッチ」山﨑英則編著『西洋の教育の
　歴史』ミネルヴァ書房（2010年）56-68頁
・コメニウス著、稲富栄次郎訳『大教授学』玉川大学出版部（1956年）
・鈴木宏「教育の歴史③海外の教育史（近代の教育思想）」島田和幸・髙宮正
　貴編著『教育原理』ミネルヴァ書房（2018年）52-61頁
・長尾十三二・福田弘『新装版ペスタロッチ　人と思想105』清水書院（2014
　年）
・船越美穂「国民教育の思想Ⅱ—幼稚園の創設者フレーベル」山﨑英則編著
　『西洋の教育の歴史』ミネルヴァ書房（2010年）69-82頁
・眞壁宏幹「ペスタロッチ教育学」眞壁宏幹編『西洋教育思想史　第2版』
　慶應義塾大学出版会（2020年）273-285頁
・ルソー著、今野一雄訳『エミール（上）』岩波書店（1962年）

Question

Q1　本章で登場した人物の教育思想を自分なりに整理してみ
ましょう。
Q2　19世紀末〜20世紀初頭の新教育運動では、たとえば
誰がどのような主張をしたか調べてみましょう。

第3章　諸外国の教育思想

> **コラム**
>
> ### モンテッソーリ教育
>
>
>
> 「モンテッソーリ教育」という言葉を聞いたことがあるでしょうか。20世紀初頭にイタリアの医師であるマリア・モンテッソーリ（1870-1952）により考案された教育法で、世界中で広く知られています。
>
> 　モンテッソーリは、1896年にローマ大学の医学部を卒業すると同時に、イタリアで女性として初の医学博士号を取得した後、ローマ大学附属の精神病院に勤務しました。この精神病院での経験がモンテッソーリに教育への関心をもたせるきっかけとなり、1898年から2年間、治療教育の研究のために知的障害のある子どもの教育に取り組むうちに、ここで開発した方法が健常児にも適用できるのではないかと考えました。そして1907年、この考えを活かすチャンスが訪れます。当時、貧民街であったサン・ロレンツォ地区のアパートの一室に、「子どもの家」という保育施設が開設され運営を任されることになったのです。両親が仕事で家を留守にしている3～7歳の子どもを無償で預かり、モンテッソーリが開発した教具を中心とした保育が行われると、しつけがあまり行われていなかった子どもたちが落ち着き、従順で協調的になり、知的にも成長したことでモンテッソーリの教育法は注目を集めました。モンテッソーリ教育では、3～6歳の時期を感覚が著しく発達する「敏感期」として重視し、実生活の練習と、教具を使った感覚教育が行われる点が特徴的です。たとえば、子どもが洋服の着脱ができるよう、ボタンをボタンホールに通す練習ができる教具（着衣枠）等を開発しました。
>
> 〈参考文献〉
> ・江玉睦美「モンテッソーリと「子どもの家」」勝山吉章ほか『いま、教室に生きる教育の思想と歴史』あいり出版（2023年）101-108頁
> ・石村華代「モンテッソーリ」石村華代・軽部勝一郎編著『教育の歴史と思想』ミネルヴァ書房（2013年）108-112頁

第 I 部　教育の歴史・思想

第4章　日本の教育史

藤田　祐介

はじめに

　本章では、古代から昭和戦前期までの日本の教育の歴史について概説します。特に、近世まで（前近代）の教育と統一的な学校制度によって国民形成を目指した近代の教育の違いに注目しながら、各時代における教育の特徴や意義について考えてみましょう。

第1節　古代・中世の教育

1．古代律令社会と教育

　時期区分の仕方はさまざまですが、ここでいう古代とは、大和・飛鳥・奈良・平安時代であり、貴族が政治の中心となった時代です。古代統一国家が形成される過程では、日本人が「学ぶ」ことに自覚的になり、これを組織化して、大陸文化の摂取と学習が積極的に行われます。特に文字の伝来が大きな意味をもち（大和時代、百済から王仁が来日し、『論語』や『千字文』をもたらしました）、これによって、高度な文化の習得や伝達が可能になりました。

　701年に成立した大宝律令により、日本は律令制国家として確立します。律令制国家のもとでは文書行政が行われ、文字が読み書きできる力をもった官吏（役人）が必要になります。そこで、官吏養成機関として、都に大学寮（大学）、地方に国学が設置されました。大学寮には貴族の子弟等が入学しますが、有力貴族の子弟については、大学寮修了に関係なく位階が授けられる制度（蔭位の制）

第4章　日本の教育史

もありました。逆にいえば、力があっても身分が低いために上位に進むことが難しいという面もあったのです。

　大学寮の振興に伴い、有力貴族が一族の子弟のために設置した別曹（大学別曹）とよばれる教育機関も発達しました。主な別曹には、和気氏の弘文院、藤原氏の勧学院、橘氏の学館院、在原氏の奨学院などがあります。また、当時の貴族には、詩歌管弦（漢詩、和歌、管弦）という三つの教養（『大鏡』の挿話から、「三船の才」と呼ばれます）が特に求められました。

　古代社会の教育を考える場合、仏教の動きにも注目する必要があります。律令制の下、仏教は国家の保護や支配を受けながら広まっていきますが（＝国家仏教）、9世紀初頭には、最澄が天台宗、空海が真言宗を開き、国家的な制約を超えた新たな仏教のかたちをもたらしました。このうち空海は、京都に綜芸種智院という教育機関を設置しています。これは、身分制限のあった大学寮や国学と異なり、民衆のための開かれた教育機関であったことが大きな特徴です。その設置にあたって空海は、石上宅嗣が開いた日本初の公開図書館である芸亭をモデルにしました。

2．中世武家社会と教育

　ここで中世とは、鎌倉・南北朝・室町時代（戦国時代を含む）のおおよそ4世紀の間をいいます。中世では、貴族に代わって武士が実権を握り、支配階級となります。武士には「弓馬の道」（武士道）という生き方が求められ、日常生活を通じて戦闘者・支配者としての実力を育てることに力が注がれました。心技の鍛錬のために、流鏑馬や笠懸などの武芸が奨励され、また、武家の心得として家訓が重要な役割を果たしました。

　武士は読み書きの基礎や日常の作法を学ばせるために、子弟を幼少期に寺院に預けました。これを寺入りといいます。武士だけでなく、庶民が寺入りすることも珍しくありませんでした。寺入りした

51

第1部　教育の歴史・思想

子どもは寺子と呼ばれましたが、これが江戸時代の寺子屋（手習塾）の語源とされます。

　武士の権力が分散していた中世では、古代の大学寮のような、統一国家における官吏養成機関は必要とされませんでしたが、各地では注目すべき教育の展開がみられます。その代表的なものが金沢文庫と足利学校です。金沢文庫は、鎌倉時代中期に、北条実時が武蔵国金沢（現在の横浜市金沢区）に開設した施設で、仏典など数多くの書籍が収められていました。この施設は一族や僧侶に公開され、現在の図書館のような機能を果たすものでした。金沢文庫については、「武州金沢之学校」の呼称もあることから、学校としての機能も果たしていたようです。

　一方、足利学校は、下野国足利（現在の栃木県足利市）に創設された教育機関であり、「日本最古の学校」、「日本最古の総合大学」などともいわれます。創設の時期や創設者については諸説ありますが、室町時代中期に関東管領の上杉憲実が学校を整備・再興しました。鎌倉から禅僧・快元を初代庠主（＝校長）として招き、儒学を中心に、医学、兵学、天文学など多岐にわたる教育内容が教授されたのです。来日した宣教師のザビエルは、「日本国中最も大にして最も有名な坂東の大学（アカデミー）」と記しています。

第2節　近世江戸時代の教育

1．多様な組織的教育の展開

　1603年に徳川家康が征夷大将軍に任命され、江戸（現在の東京）に幕府を開いてから、1867年の大政奉還までの約260年間を江戸時代といいます。江戸時代は安土桃山時代と合わせて近世と呼ばれます。中世と同様、武士が支配した時代であり、幕藩体制（幕府と各藩が土地と人民を支配する体制のこと）に基づく徳川氏の支配が続きました。この時代には儒教主義的な価値観に基づく統

第4章 日本の教育史

治が行われ、武士には朱子学（儒学思想）の教養が求められました。

　江戸時代は庶民の台頭も顕著で、組織的な教育活動が活発に行われるようになります。庶民のための教育機関である寺子屋（手習塾）はその代表例です。貨幣経済の発展に伴い、日常生活において読み・書き・計算の能力が必要とされるようになったことで、武士だけでなく庶民の学習意欲が高まり、寺子屋が普及しました。

　ただ、江戸時代には、古代の大学寮や国学、あるいは近代（明治）に入ってからの「学制」のような統一的な制度による教育の展開はみられません。画一的な基準によって教育機関が整備されたわけではなく、幅広い層の人々の多様な教育要求に支えられて、規模や内容、水準の異なるさまざまな教育機関が作られました。以下では、それらの教育機関について説明しましょう。

２．昌平坂学問所・藩校・郷校

　武士教育の最高学府として位置付けられていたのが昌平坂学問所（昌平黌）です。これはもともと林羅山の家塾で、五代将軍徳川綱吉の時に湯島に移され（湯島聖堂）、18世紀末、老中松平定信の時に幕府直轄の学校である昌平坂学問所となりました。当初、入学対象者は幕臣の子弟のみでしたが、後にはそれ以外の武士の入学も認められています。ここでは朱子学以外の学問が禁じられていました（寛政異学の禁）。

　諸藩においても、優れた藩士を育成するための教育機関として、藩校が設立されました。藩校の教育内容は儒教中心でしたが、寛政期以降は藩校の設立が活発になり、特に天保期（1830～1844年）以降は藩政改革を担う人材の育成が目指され、教育内容も算術や洋学、医学など多様化しました。米沢の興譲館、会津の日新館、水戸の弘道館、萩の明倫館などが代表的な藩校です。

　また、武士だけでなく庶民の入学も認めた学校として、郷校（郷学）があります。郷校には、幕府や藩が直接設置したもの、幕府や

53

第Ⅰ部　教育の歴史・思想

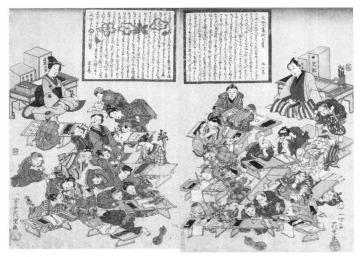

出典）『文学万代の宝』（始の巻・末の巻）一寸子花里画〈弘化年間（1844～1848）〉頃（東京都立中央図書館所蔵）

図4−1　寺子屋（手習塾）

藩の許可を得て庭民の有志が設立したものなどあり、岡山藩の閑谷学校などが有名です。

3．寺子屋（手習塾）

　民衆を対象とした初等教育機関が寺子屋です（図4−1）。学習の中心が習字（手習い）であったことから「手習塾」とも呼ばれ、その数は5万を超えるといわれています。20～40名規模の寺子屋が一般的でした。寺子屋の師匠は、最初は僧侶が多く、次第に町人などの庶民や下級武士も増えていきました。寺子屋への就学の時期や年齢に決まりはありませんが、通常は、5、6歳で就学（寺入り）して、3～7年通い、11歳頃に卒業でした。

　寺子屋の学習は個別学習・自学自習が基本であり、子どもたちは自分の好きな場所で、自らの学習進度に応じて読み書きの練習をしました。これは、一斉授業を基本とする現在の学校と大きく異なる特徴です。手習いの教材には往来物（手紙の文例集）が使用されま

54

第4章 日本の教育史

した。代表的な往来物に『庭訓往来』があります。師匠と子どもたちの結びつきも強く、寺子屋での学びを終えた後も師弟関係が継続することが多かったようです。この証の一つが筆塚（筆子塚）です。これは、寺子屋で学んだ教え子たちが師匠のために建立した墓碑・顕彰碑で、現在でも全国に残されています。

４．私塾

　幕府や藩によって設立されたものではなく、個人が設立して運営した教育機関のことを私塾（学問塾）といいます。寺子屋が初等教育機関であるのに対し、私塾は中等・高等教育機関に相当します。私塾の教育内容は塾主の学問によるところが大きく、生徒（門人）は、塾主の人格や学識などを慕って自発的に入門し、師弟関係も緊密でした。有名な私塾を挙げると、漢学塾には、中江藤樹の藤樹書院、伊藤仁斎の古義堂、荻生徂徠の蘐園塾、広瀬淡窓の咸宜園、吉田松蔭の松下村塾などがあります。国学塾には本居宣長の鈴屋、平田篤胤の気吹舎があり、洋学塾には、シーボルトの鳴滝塾、緒方洪庵の適塾などがあります。

　近世における私塾の数は1,500ほどあり、幕末近くに急増しました。このうち、近世最大の私塾であった咸宜園では、「三奪の法」を教育方針として、塾生の個性を尊重した教育が行われていました（コラム参照）。また、適塾や松下村塾は幕末維新期に変革を進めた人材を数多く輩出したことで有名です。適塾の塾生には福沢諭吉らが、松下村塾の塾生には後に初代総理大臣となる伊藤博文らがいました。

▬ 第3節　明治期の教育

１．近代化と教育上の課題

　明治維新によって幕藩体制が崩壊し、新しい国家体制が成立すると、明治政府は「富国強兵」・「殖産興業」をスローガンに掲げ、国

55

第Ⅰ部　教育の歴史・思想

家の近代化を推進していくことになりました。教育上の主要な課題は大きく分けて二つあり、一つは、近代国民国家を支える国民の意識（ナショナリズム）を涵養すること、もう一つは欧米先進諸国の知識・技術を摂取し、近代化を担う人材を育成することでした。

　日本が近代化をめざす過程においては、これら二つの課題をいかなる形で克服していくかが常に模索されました。「和魂洋才」という言葉に象徴されているように、日本の伝統や独自性と欧米文化をどのように調和させるかが大きな問題となったのです。

２．近代学校制度の成立：「学制」の制定

　1872（明治５）年、日本で最初の統一的近代学校制度を規定した「学制」が制定されました。学制の趣旨を説明した「学制序文」（「学事奨励に関する被仰出書」）には、「学問は身を立るの財本」と記され、学問によって人生を切り拓くという立身出世主義の考えが示されています。さらに、「一般の人民華士族農工商及婦女子必ず邑に不学の戸なく家に不学の人なからしめん事を期す」というように、身分や性別等に関係なく、すべての国民が就学する国民皆学の理念が掲げられていました。「学制序文」の内容は、『学問のすゝめ』を著した福沢諭吉の思想に通じるものです。

　学制は、教育行政についてはフランス、学校体系・内容についてはアメリカの影響を強く受けているとされます。また、学区制を採用し、全国を８大学区に、各大学区を32中学区に、各中学区を210小学区に分けて、対応する区に大・中・小学校を設置するという計画でした。この構想だと、全国に５万3,760校の小学校が設置されることになります。実際には、学制発布の数年後に約２万５千校の小学校が設置されました。

　しかし、学制に基づく学校教育は不評でした。教育内容が国民の生活からかけ離れていたことや教育費の負担が重かったためです。民衆の不満は、各地で「学校打ち壊し」という暴動を引き起こすこ

56

第4章 日本の教育史

とになりました。そこで文部省は、1879（明治12）年に学制を
廃止し、新たに「教育令」を制定します。これは文部大輔の田中不
二麿らによって進められました。田中は、アメリカの自由主義的な
教育制度を学んでおり、彼の教育論が反映された教育令は「自由教
育令」とも呼ばれます。しかし、学校離れを促す兆候などが見られ
たため、教育令は翌1880（明治13）年に改正され（＝改正教育
令）、再び統制が強化されることになりました。

３．国家主義的教育体制と近代学校制度の確立

　改正教育令以降、教育の国家統制が強まりました。その対象とし
て特に重視されたのが教科書と教員です。1881（明治14）年には、
教育課程の国家基準を示すものとして「小学校教則綱領」、「中学校
教則綱領」等が定められ、儒教主義的な教育内容が規定されました。
それまで自由採択制であった教科書制度は開申制（届出制）となり、
1883（明治16）年には認可制となって検定制（1886〈明治
19〉年）への準備が進むことになります。一方、教員については、
1881（明治14）年に「小学校教員心得」が出され、国家教育に
おける教員の責務の重大さが説かれるとともに、道徳教育への注力
などが求められました。

　1885（明治18）年には内閣制度が発足し、初代文部大臣に森
有礼が就任します。森は翌1886（明治19）年に「帝国大学令」、
「小学校令」、「中学校令」、「師範学校令」を制定し、これにより戦
前の学校制度の基本的な骨格が整備されました。このうち、師範学
校令では、師範学校を尋常・高等の二種に分け、尋常師範学校は４
年制の小学校教員養成機関と規定されました。師範学校では、「順
良、信愛、威重」の三気質を養うことが求められ、そのために兵式
体操や全寮制が採用されています。

　1890（明治23）年には、教育ニ関スル勅語（教育勅語）が発
布されました。教育勅語は主に井上毅と元田永孚によって起草さ

57

第Ⅰ部　教育の歴史・思想

れたもので、儒教主義的な徳目を基本とし、近代的な市民倫理を取り入れながら、天皇を最高存在とする国家体制に基づいた教育理念を示しています。教育勅語は戦前日本の国民道徳の規準を示したものとして重視されました。

４．学校の制度化の進展

　明治期を通して学校の制度化は進展し、「高等学校令」（1894年）、「実業学校令」（1899年）、「高等女学校令」（1899年）、「専門学校令」（1903年）などの制定により、実業教育、女子教育、高等教育の整備が図られます。高等女学校は女子の中等教育機関であり、ここでは良妻賢母主義に基づく教育が行われました。裁縫に多く時間が割かれるなど、男子の中等教育機関である中学校との差は顕著でした。

　1890年代後半に入ると、小学校への就学率は著しく上昇しました。この要因として、資本主義経済の発展に伴う民衆の経済力の向上などが挙げられます。1900（明治33）年には小学校令が改正され、就学猶予・免除の規定が明確化しました。尋常小学校については、義務就学期間が４年に統一され、原則として授業料を徴収しないこととしました。これらにより、義務教育制度は一応の確立をみたことになります。さらに、1907（明治40）年の小学校令改正によって、義務教育の年限は６年に延長されました。

第4節　大正・昭和戦前期の教育

１．学校教育の拡張

　大正時代になると、中学校や高等女学校の生徒数が急増するなど、中等教育の拡張がみられます。また、明治末年から大正期にかけて進学者数が増加したことで、高等教育機関が整備・拡充されました。臨時教育会議の答申に基づき、1918（大正７）年には「大学令」が公布され、専門学校として扱われていた私立大学が「大学」に昇

格します。1926（大正15）年には「幼稚園令」が公布され、幼児教育の制度化も進みました。

２．大正自由教育の展開

　大正時代には、師範学校附属小学校や都市に新設された私立小学校を中心として、大正自由教育（大正新教育）が展開しました。一斉教授にみられる教育の画一化などが批判され、子どもの個性や自主性を重視した教育実践が試みられます。このような児童中心主義的教育の実践は当時の国際的な動向であり、日本では大正デモクラシーの高まりを背景に本格化しました。澤柳政太郎が創立した成城小学校、野口援太郎らが創設した池袋児童の村小学校の実践などが有名です。1921（大正10）年には東京で８名の教育家による「八大教育主張講演会」が開催され、及川平治による「動的教育論」、小原國芳による「全人教育論」などの主張が展開されました。これは大正自由教育が広く普及する契機となりました。

　この時期には他にも、芦田恵之助が提唱した「随意選題」（児童が題材を自由に選ぶ作文教育）や山本鼎が提唱した「自由画」（児童が描きたいものを自由に描く絵画教育）などが注目されます。芦田恵之助は「綴方教育」（作文教育）の先駆けとなった人物ですが、綴方教育は昭和期に入ると、生活綴方運動として発展します。1929（昭和４）年には、小砂丘忠義らにより『綴方生活』が刊行され、教師の実践活動の交流が活発になりました。

３．戦時体制下の教育

　昭和期に入ると、経済不況等が深刻化する中で戦時体制が強化され、教育は軍国主義的な色彩が強くなりました。1931（昭和６）年の満州事変を機に日本の教育は戦争の影響を直接受けるようになり、学問や教育、思想の自由が抑圧されます。1938（昭和13）年には「国家総動員法」が公布され政府が広範な統制を行えるようになりました。

1937（昭和12）年、文部省は、「日本精神」を強調した『国体の本義』を刊行し、全国の学校等に配布しました。同じ年には、内閣直属の教育審議会が設置され、「高度国防国家」建設のための教育体制の確立が目指されます。教育審議会の答申に基づき、1941（昭和16）年には「国民学校令」が公布され、小学校の名称が「国民学校」に改められました。国民学校は初等科6年、高等科2年とし、「皇国民の錬成」を目的として戦時体制に即応した教育が行われました。他方、国民学校のカリキュラムや教育方法には、大正新教育の成果を取り入れた点があったことも注目されます。

〈参考文献〉
・齋藤太郎・山内芳文『教育史』樹村房（1994年）
・山田恵吾・貝塚茂樹編著『教育史からみる学校・教師・人間像』梓出版社（2005年）
・山田恵吾編著『日本の教育文化史を学ぶ―時代・生活・学校―』ミネルヴァ書房（2014年）
・貝塚茂樹・広岡義之編著『教育の歴史と思想』ミネルヴァ書房（2020年）

Q1　江戸時代の教育機関と現在の学校を比較した場合、その大きな相違点とは何でしょうか。
Q2　現在の教育について考えた時、日本の教育の歴史から学べることとして最も重要なことは何だと思いますか。

第4章 日本の教育史

コラム

咸宜園（かんぎえん）の教育

　広瀬淡窓（ひろせたんそう）が豊後国（ぶんごのくに）（現在の大分県）日田に開いた私塾が咸宜園です。塾名である咸宜園の「咸宜」は、「ことごとく宜（よろ）し」、「みな宜（よろ）し」と読み、『詩経』にある言葉です。塾名には、年齢や身分等に関係なく誰もが入門を許されるという意味のほか、塾生一人ひとりの個性を尊重するという教育理念が込められています。

　淡窓は次のような「いろは歌」を作っています。「鋭きも鈍きも共に捨てがたし　錐（きり）と槌（つち）とに使い分けなば」。頭の鋭い者も、鈍い者もどちらも人材として必要である。鋭い錐と鈍い槌を用途に応じて使い分けるように、人も適材適所で個性を発揮できるようにすればよい、というような意味です。塾生たちの持ち味、個性を尊重しようとする淡窓の考えがよく示された歌といえるでしょう。

　咸宜園には、常時200名前後の塾生が在籍しており、ここでは徹底した実力主義が基本とされていました。塾生の年齢、入学前の修学歴、身分（家柄）の3つを無視するという「三奪の法」（「奪」は無視するという意味）を教育方針とし、月ごとに塾生の成績を評価・公表する「月旦評（げったんひょう）」という制度を取り入れています。封建的な身分制社会である江戸時代において、身分（生まれ）に関係なく、塾生の学問に対する努力を重視し、業績原理（メリトクラシー）に基づいた教育方針を採用したのは画期的なことでした。

咸宜園
出典）日田市HP「咸宜園」「廣瀬淡窓とは」

廣瀬淡窓
1782（天明2）－
1856（安政3）年
出典）廣瀬資料館所蔵

第1部　教育の歴史・思想

第5章　日本の教育思想

内山　絵美子

はじめに

　本章では、江戸、明治、大正・昭和初期という3つの時代に分けてその時期の子ども観や教育思想を概観していきます。子どもをどのような存在として捉えるかによって、教育のアプローチも変わってくるでしょう。社会に影響を与えた思想家の思想と子どもが置かれた社会状況とを併せてどのような教育が必要と考えられたのかみてみましょう。

第1節　江戸時代の子ども観と教育思想

　日本においては万葉集の山上憶良の歌（「銀も金も玉も　なにせむまされる宝　子にしかめやも」）に表現されているような「子宝」思想があるとされています。ただし、これは無条件にかけがえのないわが子を大切に思うことではなく、生計を立てるために有用な存在と捉えられていたとされています（田口2019：22頁）。

　一方で、「穀つぶし」という言葉もあるように、江戸時代、農村などでは、貧しくなると間引きや子返しと呼ばれる子捨てや子殺しが行われており、あくまでも家のために必要に応じて育てられていたとみられます。江戸時代後期には、徐々に子返しを禁止する育児奨励書も流通しましたが、「子どもは家の繁昌のための基本であり、人手は生産活動に大いに資する」とされ、家計に有用な存在という子ども観は通底していたようです（田口2019：23頁）。組織的な

62

第5章　日本の教育思想

教育の場は官吏養成や、貴族、武士、僧侶の学ぶ場などに限られていましたが（第4章を参照）、商業が盛んになるにつれて、庶民の中でも読み書き計算のニーズが高まり、村落内に教育施設を設ける民衆が登場します。社会が発展し、文字や伝達すべき知識・技術が増えると、子どもは教育の対象となったのです。

　近世までの庶民の子育ては、主として共同体の生活の中で行われ、共同体の担い手として「一人前」にすることが目指されていました。宮参りや元服などの通過儀礼が、子どもを共同体の一員として承認し、共同体の価値観の行動様式を身に付けさせる機能を果たしていました。7歳頃からは「子供組」、15歳頃からは「若者組」と呼ばれるような子ども・若者集団のなかで遊びや行事への参加を通して村民としての礼儀作法などを身に付けていきました。

　江戸時代中・後期になると徐々に、共同体から「家」単位での子育てに移行し、家の継承戦略としての子育てへの関心が高まりました。戦のない状態が持続し、社会の成熟が図られた江戸時代には、多くの子育て書が編纂されました。そこには子どもを大人とは違う独自の存在とみる見方が登場しています。また、性善説に基づく子ども観もみられます。

　儒学者の中江藤樹（1608-1648）は、子どもの遊びはやらせたいようにさせたほうがよいと説くとともに、「幼小の時より、成人の振る舞いをさせんと、戒しめぬるによって、その心すくみ、気屈して、異なる者になるなり」（『鑑草』）と述べています。また、「良知とは赤子孩提の時よりその親を愛敬する最初一念を根本として善悪の分別是非を真実に弁しる徳性の知を云」（『翁問答』）として、善いものを志向する心が生まれながらにしてあるとも述べています。

　日本のジョン・ロックとも評されている儒学者の貝原益軒（1630-1714）もまた『和俗童子訓』において、「小児遊びを好むは、常の情なり。…道に害なき業ならば、あながち押さえかがめて、その

63

第Ⅰ部　教育の歴史・思想

出典）『貝原益軒画像』（東京大学資料編纂所所蔵）

図5－1　貝原益軒

気を屈せしむべからず」として、子どもの遊びを制限して、元気を無くさせてはいけないと述べました（太田1994：10頁）。また「人に教ゆるの法、予めするを以て急となす」と述べ、教育は早くからしなければならないと、早期教育の必要性を説きました。子どもが悪に染まらないうちに、良い環境や良い教育を与え、良い習慣を形成すべきであるとしました。これは子どもを「白紙（タブラ・ラサ）」と捉えるイギリスのジョン・ロック（1632-1704）の教育思想に類似しています（第3章を参照）。さらに益軒は、6歳、7歳、8歳、10歳、15歳、20歳に至るまで発達段階に応じた教育法を詳細に論じました。これを「随年教法」（年二随ッテ教ノ法）といいます。ここに、大人と子どもを本質的に異なるものとした発達観を顕著にみることができます（教育思想史学会編2017：72頁）。

　江戸末期の農政学者である佐藤信淵（1769-1850）は幼児のための公共保育施設を日本で初めて構想し日本のロバート・オーウェンと評されています。信淵は、全産業の国営化、全国の国家雇用、租税の全廃を原則とする社会主義社会を構想した人物です。それを著した『垂統秘録』（1857〈安政4〉年）においては、国家による教育や福祉の充実も訴え、生まれてから5歳ぐらいまでの貧民の子を育てる「慈育館」、4～5歳の子を遊ばせる「遊児廠」など

出典）『佐藤信淵像（模本）』を一部加工（京都大学総合博物館所蔵）

図5－2　佐藤信淵

第5章　日本の教育思想

を構想しました。

　江戸時代後期には、子どもに対する罪の軽減や後見人をつけるということが行われており、子ども期を意識した生活文化が形成されてきていることがわかります。このように、「子ども期」の発見によって、子どもは教育的配慮や保護の対象となっていったのです。

第2節　明治時代の子ども観と教育思想

　明治になると、国民皆学を目指して1872（明治5）年に学制が発布されるなど、近代学校制度が確立してきますが、それには、啓蒙思想家が重要な役割を果たしました。この文明開化期に国民の啓蒙の一翼を担ったとされるのが「明六社」です。森有礼が結成し、福沢諭吉、西周、中村正直、津田真道ら10名が参加し、1873（明治6）年に『明六雑誌』を刊行して発足しました。政治・経済領域の翻訳書や西欧の近代思想、学校制度を紹介した洋学者が名を連ねています。

　幕府の遣欧米使節に3度参加した福沢諭吉（1835-1901）は著書『西洋事情』（1866〈慶応2〉年）などにおいて、全国にくまなく建てられた学校に、男女関係なくすべての子が学校に通うという欧米の充実した学校制度を紹介しました。また、「天は人の上に人を造らず、人の下に人を造らずと云えり」という有名な序文で始まる『学問のすゝめ』（1872-1876〈明治5-9〉年）では、人間は本来、自由・平等なものであるが現実には必ずしもそうでないとしながら、人間の社会的地位は学問のあるなしで決まると訴えました。ここでいう「学問」とは「実学」（手紙、簿記、そろばん、地理学、物理学、歴史、経済学、修身学など

出典）慶應義塾提供
図5-3　福沢諭吉

科学に根ざした学問）であり、皆が学べば一身も独立して一家も独立し天下国家も独立すると述べています。学制はまさに、福沢のいう近代的（科学的）な知識・技術に基づく実学を、すべての子どもが学ぶべきであることを目指したものでした。学制の序文である「学事奨励に関する被仰出書(おおせいだされしょ)」では、国民に学問を開放（皆学主義）し、その内容は、人々の生活に役立つ実学で、個人の立身出世のためになると呼びかけています（個人主義）。

　森有礼（1847-1889）は、1885（明治18）年12月、初代文部大臣に就任し、日本の体系的な学校制度の確立に尽力した人物です。1886（明治19）年には「帝国大学令」、「師範学校令」、「小学校令」、「中学校令」が制定されています。また、同じ年に教育内容の国家統轄のため、教科書検定制度も導入しています。

　森は、ロンドン大学で学び、外交官としてアメリカに駐在するなかで西洋文明に理解を深め、近世以来学問を強く支配してきた儒学教育を批判した人物でもあります。その森の思想は、教育を国家的な見地から構築しようとしたものでした。すなわち富国強兵によって日本を欧米諸国と対等の位置に高めるために、国民の教養と徳義を高めようとしたのです（教育思想史学会編 2017：761頁）。知徳体のうち体育を重視し、学校教育への兵式体操の導入を提言するとともに、師範学校での教育についても軍隊式の教育を取り入れました。教師について、森は知識以上に「善良なる人物」であることが望まれると述べています。その善良なる人物とは、従順・友情・威儀の三気質を体現したもので、上司（校長・文部省）の命令に忠実に従い、組織において共同で職務を遂行する友情をもち、生徒に威厳をもって接するこ

出典）国立国会図書館「近代日本人の肖像」

図5-4　森有礼

とができる威儀をもっている人物をいいます。これは「順良、信愛、威重」として師範学校令に明記されました。

　明治初期の思想家は開化を急ぐあまり、海外の出版物や文化の翻訳・紹介に終始し、彼らの多くが、政府に身を置く官僚であったことから、日本の伝統や儒教的な考え方を重視する復古思想の側からは、西欧文化の無批判な摂取・押し付けに映りました（高木2008：175-176頁）。森は、1889（明治22）年2月、大日本帝国憲法発布当日に、国粋主義者[*1]により暗殺されています。

　翌年、明治維新以来の開花主義を批判し、儒教道徳を教育の根本に据えようとする元田永孚（1818-1891）が起草に携わり、明治天皇による「教育勅語」が発布されました。「教育勅語」は、教育の根源を天皇の祖先が樹立した国や道徳、臣民がそれに忠や孝をつくして作りあげてきた「国体」にあるとし、国民に対して「仁義忠孝」[*2]といった徳を実践するとともに、非常時には国家につくすように求めたものでした。

　幼児教育についても、この頃から、小学校の準備教育として公的制度が整備されています。体系的な教育内容を有して開設した最初の幼稚園は1876（明治9）年に設立された東京女子師範学校（現在のお茶の水女子大学）附属幼稚園です。開設当時は、「保育科目」として、フレーベルの恩物を中心に「第一物品科」、「第二美麗科」、「第三知識科」があり[*3]、午前10時から午後2時まで時間割に基づいて教育が行われていました。その後1881（明治14）年の教育課程の改正では、「読み方」、「書き方」、「数え方」が導入されています（柴崎2016：150-151頁）。

　1890年代に、附属幼稚園で「読み方」、「書き方」、「数え方」は幼児期に教えるものとしてふさわしくないとして廃止されると、全国の幼稚園がこれに続き、各地で「幼児に適した」保育内容が模索されました（柴崎2016：152頁）。1899（明治32）年に政府が

第Ⅰ部 教育の歴史・思想

保育内容に関して初めて定めた基準である「幼稚園保育及設備規程」では、保育内容を「遊戯」、「唱歌」、「談話」、「手技」の４項目を中心に行うものとしました。次第にフレーベルの恩物主義からの転換が図られ、「遊戯」や「戸外遊び」など、子どもの自由な発想や遊びの展開を重視するようになりました（柴崎 2016：155 頁）。

第３節 大正・昭和初期の子ども観と教育思想

１．大正

　体系的な学校制度の整備が進んだ1890年代の日本では、ドイツの教育制度が注目され、ヘルバルト主義が一世を風靡していました。特にライン（1847–1929）が唱えた五段階教授法は、教育現場に広く普及しました。しかし、教授法を形式的に実践するにとどまり、かえって教育の定型化、注入主義化を招いたとされています。大正期に展開された児童中心主義の新教育運動である「大正自由教育」は、こうした政府が定めた教育内容を、画一的・形式的に教授する教育を批判しようとする動きです。この時期に「子どもの権利」という発想も広がります（コラム参照）。

　ヘルバルト主義の教育学者であった谷本富（とめり）（1867–1946）は、1900（明治33）年から３年にわたる欧米の視察後、「新教育」を主張します。これはケイ（1849–1926）やドモラン（1852–1907）の理論に依拠したものでした。その後、樋口勘次郎（1872–1917）がパーカー（1837–1902）の理論を取り入れた「活動主義」[*4]を提唱し、大正自由教育運動のさきがけとなりました。1901（明治34）年にはデューイ（1859–1952）の『学校と社会』が翻訳刊行され、次第に新教育の情報が広まります。中でもアメリカの教育者パーカースト（1887–1973）が提唱したドルトン・プラン[*5]は大きな影響を与えました。

　特にこの運動の高まりを示すのが1921（大正10）年８月に開

第5章　日本の教育思想

表5‐1　八大教育主張講演会の演題と主張内容

登壇者	演題	主張・実践内容
樋口長市 （東京高等師範学校　教授）	自学主義教育の根底	子どもの学習本能に根差した自学を重んじる教育を提唱。自ら学ぶ学習法を身に付けることが必要であるとした。
河野清丸 （日本女子大学附属豊明小学校　主事）	自動主義の教育	真・善・美を内容とする「人類の文化の発揚」を教育目的として掲げ、この文化の発揚は「自動」であるとした。子どもに自分の力を正しく働かせるための教育を主張。
手塚岸衛 （千葉県師範学校　主事）	自由教育の真髄	子どもが「真・美・善」の体現・表現に向かう自己活動を「自由」と捉え、子どもに教科や学習の場所を選択させる「自由学習」の時間を設けるなど、自学と自治を核とする実践を行った。
千葉命吉 （広島県師範学校　主事）	衝動満足と創造教育	「衝動」（子どものどうしてもやりたいという意欲）を充足することにより善・真・美・利・健が達成されるとした。子どもが自らやると決めた問題に取り組む授業を実践した。
稲毛詛風（金七）（創造社経営『創造』主筆）	真実の創造教育	子どもの「自由」すなわち「生命の躍動」を尊重し、「創造」（自己超越）の営みを支援する教育を提唱。これにより文化創造がもたらされるとした。
及川平治 （兵庫県明石女子師範学校　主事）	動的教育の要点	子どもを「真理の探究法」に誘い、子どもの自発的な「活動」の中で、「題材」（問題を解決する方途）をつかみ取る教育を提唱。その教育形態は「動的」であるとした。
片上伸 （早稲田大学　教授）	文芸教育論	生活の中に見出すことができる人間の「生命の力」を「真理」として、生活を観察批判することが必要と考えた。これが「文芸の精神」であるとした。当時の「修身」の倫理に対して「文芸」の倫理を主張した。
小原國芳 （成城小学校　主事）	全人教育論	人の本性に根差した真・善・美・聖・健・富の「六方面の教育」を理想とし、「全人教育」と呼び、労作教育を重視した（「作」は作業の作ではなく創作の作）。

出典）橋本・田中編著（2015）より筆者作成

催された「八大教育主張講演会」（表5‐1）です。全国から
2,000名を超える教師が集まりました（志村2008：200頁）。
　師範学校の附属小学校でも注目すべき実践が行われました。兵庫
県明石女子師範学校附属小学校における及川平治の「分団式動的教
育法」[*6]、千葉県師範学校附属小学校における手塚岸衛の「自由教
育」の実践（表5‐1参照）、奈良女子高等師範学校附属小学校に
おける木下竹次の実践[*7]などです。私立学校では、澤柳政太郎の
成城学園、赤井米吉の明星学園、羽仁もと子の自由学園、野口援
太郎・志垣寛らの池袋児童の村小学校などが挙げられます。
　1918（大正7）年、子ども向けの文芸雑誌『赤い鳥』を創刊し
た鈴木三重吉は、子どもの純真な感情を保全・開発しようと新しい
児童文化を創造しようとしました。芥川龍之介の「蜘蛛の糸」、新
美南吉の「ごんぎつね」などはこの雑誌から生まれました（中村
2020：149頁）。

出典）「倉橋惣三先生と園児」（卒業記念写真帖『於もひ出』〈昭和14年3月、家事科〉、お茶の水女子大学所蔵）

図5－5　倉橋惣三

幼児教育では、倉橋惣三(そうぞう)(1882－1955)が有名です。1917（大正6）年から東京女子高等師範学校附属幼稚園の主事であった倉橋は行き過ぎたフレーベル主義を批判し、フレーベルの本来の精神に立ち返り、子どもの自発性に基づく実践を提唱します。著書『幼稚園保育法真諦(しんたい)』（1934〈昭和9〉年）の中で、「生活を生活で生活へ」と述べ、「生活本位の教育」を説きました。それは、幼稚園に幼児を順応させるのではなく、幼児の生活の中に幼稚園教育を順応させていくことが本来の在り方であるという「対象本位」の考え方です。幼稚園を「幼児の生活が、その自己充実力を充分発揮し得る設備と、それに必要な自己の生活活動のできる場所」でなければならないとし、子どもの自由な遊びを中心とする保育を目指しました。

　こうした子どもの自発性や個性の尊重という理念を支持したのは、第一次世界大戦（1914－1918〈大正3－7〉年）後に形成されたとされる官公吏や教員、サラリーマン、専門職など都市の新中間層と呼ばれる人々です。新中間層の家族は、主として農家の次男、三男の家族で、代々の財産を相続することもなく、生産手段を有しないため、学業や個人的努力で社会的地位を獲得し生計を維持しなければなりませんでした（小山1999：40頁）。そのため学歴を重視し、子どもの教育に力をいれるようになったのです。また1910年～1920年代にかけては、子育てが多産多死から少産少死へ変化し、子どもは「授かりもの」から「つくるもの」になり、大切に育てられるようになっていきました。

　自由教育の思想や実践が地方の公立学校でも展開されるようにな

ると、文部省や地方行政当局に警戒されるようになりました。1924（大正13）年8月には当時の文部大臣が新教育を戒める訓示を発しました。その翌月に起きたのが川井訓導事件[*8]です。その後、新教育の発信地である附属小学校への取り締まりが強化されました。

2．昭和初期

　第一次世界大戦後の日本経済は慢性的な不況に陥っており、関東大震災（1923〈大正12〉年）が一層の打撃を与えました。1929（昭和4）年には世界恐慌に巻き込まれていくなど、経済状態が大きく悪化します。国民は生活苦にあえぎ、欠食児童や身売りする子ども、学校を中退する子どもが急増しました。そうした中で、労働運動や農民運動、社会主義運動が大きな流れとなりました。この時期に展開されたのが、厳しい生活条件のなかで生きる子どもたちに、現実を見つめ、綴らせることを通して、それを乗り越えていく力を培うことを目指す生活綴方運動です。

　また、法政大学教授として1929（昭和4）年に児童問題研究所を、1936（昭和11）年に保育問題研究会を設立した心理学者の城戸幡太郎（1893-1985）は、「児童中心主義」の教育を批判し「社会中心主義」の教育を主張しました。倉橋が東京女子高等師範学校附属幼稚園の子ども、すなわち中産階級の子どもを念頭においた保育理論であったのに対し、城戸は託児所や保育所にいる労働者階級の子どもを念頭においていました。城戸は、倉橋の理論が、子どもの生活追随の理論であり、保育者が子どもに何を求めていくのか、という考えが欠けているとして批判しています。城戸が重視したのが、子どもが能力を高め、自信をもつための大人の「権威」です。この「権威」とは、自分でできないことをできるようにしてくれる力、できないことができたときに共に喜んでくれる心、いつも自分を思ってくれている愛、だといいます（『幼児教育論』〈1939

第Ⅰ部　教育の歴史・思想

（昭和14）年））。城戸の保育理論は、保育者の指導的役割を重視し、いかなる境遇の子どもにも一定水準の学力と社会力を身に付けさせたいという平等主義に立つものでした（中村2020：117頁）。

　1931（昭和6）年の満州事変以降、日本は戦時下になり、1920年代後半には思想統制が行われるようになります。1925（昭和元年）の治安維持法で、天皇制の否定を目的とする結社の禁止が規定され、「国体」と相容れない思想（社会主義、共産主義、自由主義や宗教団体など）は取り締まられました。

〈註〉

＊1　国粋主義とは、政府が推進していた欧化主義に反対し、日本固有の伝統、天皇制を保守、発展させようとする考え方です。

＊2　「仁」は、他者への思いやりや真心を意味し儒教では最高位の徳目とされています。「義」は物事の妥当性、「忠」は主君につくすこと、「孝」は親を敬愛することを意味しています。国をつくってきた天皇と祖先を敬愛し、その国に献身することが大切であるというメッセージです。

＊3　「第一物品科」は、「日用ノ器物即チ椅子机或ハ禽獣花果等ニツキ其性質或ハ形状等ヲ示ス」（日常生活で使用する机や椅子などの器具、花鳥などについて見せて名を教える）、「第二美麗科」は、「美麗トシ好愛スル物即チ彩色等ヲ示ス」（綺麗な彩色や絵画を見せ、美麗の心を養う）、「第三知識科」は、「観玩ニ由テ知識ヲ開ク即チ立方体ハ幾個ノ端線平面幾個ノ角ヨリ成リ其形ハ如何ナル力等ヲ示ス」（フレーベルの恩物を使い、針画、縫画や計算、唱歌、説話等により知識を啓発する）とされていました（東京女子師範学校附属幼稚園規則）。

＊4　樋口勘次郎は、生徒の興味・関心等に基づく自発的な活動を重視し、遊戯的に学ぶことを提唱しました。その方法として合科的に教授を行う「統合教授」を掲げています。様々な学問の教授を、遊戯的な授業において統合的に行うことを目指した実践として「飛鳥山遠足」があります。「統合教授」はパーカーの「中心統合」理論に影響を受けたとされています。

＊5　ドルトン・プランは、生徒が生徒個人の能力や個性に応じた学習進度表を作成して自学自習を行う教授学習法。教師は生徒の成果を確認しながら学習進度表を修正し、必要な指示を与えます（橋本・田中2015：16頁）

＊6　個人の習熟度など必要・情況に応じて、「一斉教育」、「個別教育」、「分団教育」（グループ学習）を組み合わせる指導法（橋本・田中2015：206頁）。

第5章　日本の教育思想

＊7　「学習は学習者が生活から出発して、生活によって生活の向上を図るものである」という考え方を徹底し、児童が自ら問いを立てて行う「独自学習」を中心とした実践を行いました。

＊8　長野県松本女子師範学校附属小学校で訓導をしていた川井誠一郎が、国定教科書を使用しなかったことが問題となり、休職を命ぜられ、その後退職に追い込まれました。

〈引用・参考文献〉

・太田素子『江戸の親子—父親が子どもを育てた時代』中央公論社（1994年）
・教育思想史学会編『教育思想事典 増補改訂版』勁草書房（2017年）
・小山静子『家庭の生成と女性の国民化』勁草書房（1999年）
・柴崎正行「保育内容とカリキュラム」『保育学講座1　保育学とは—問いと成り立ち—』東京大学出版会（2016年）147–175頁
・志村廣明「資本主義の成立・展開と生活・教育の変化　教育の制度と実態の展開」江藤恭二監修／篠田弘・鈴木正幸・加藤詔士・吉川卓治編『新版 子どもの教育の歴史—その生活と社会的背景をみつめて』名古屋大学出版会（2008年）182–223頁
・高木靖文「近代国家への歩みと生活・教育の動向　文明開化と子どもの生活」江藤恭二監修／篠田弘・鈴木正幸・加藤詔士・吉川卓治編『新版　子どもの教育の歴史—その生活と社会的背景をみつめて』名古屋大学出版会（2008年）172–181頁
・田口賢太郎「子どもの誕生と近代家族」宇内一文編『教職のための学校と教育の思想と歴史　第2版』三恵社（2019年）22–34頁
・中村弘行『人物で学ぶ教育原理』三恵社（2010年）
・橋本美保・田中智志編著『大正新教育の思想——生命の躍動』東信堂（2015年)

Question

Q1　江戸時代には子ども集団の中で子どもの遊びも発展しました。どのような遊びがあったのか調べてみましょう。

Q2　倉橋惣三の考えた「児童中心主義」の教育と城戸幡太郎の考えた「社会中心主義の教育」の考え方、方法をさらに調べて比較し、共通点や相違点を考えてみましょう。

コラム

子どもの権利思想

　近世以前の子どもは共同体や家から支配される存在であり、所有物でした。「子どもの発見」があったとされる近代以降になると、子どもは保護され、教育を受けるべき存在としてみなされます。現在は、子どもは権利を行使する主体として捉えられるようになっています。

　日本において「子どもの権利」が認識され始めたのは、明治期の自由民権運動の中です。自由民権思想家の植木枝盛は1886（明治19）年に著した『親子論』において、「子は子の為めの子にして親の為めの子にはあらず」と主張しています。子どもの権利が極めて小さく軽い日本社会の弊習を、打破すべきものとしました。植木のように「子は子自身のため」とする個人主義に根差した子ども観は、「権利主体としての子ども」論の萌芽とみることができます。

　その後子どもの権利思想が再興するのは大正デモクラシーの時期です。田村直臣『子供の権利』（1911〈明治44〉年）、西山哲治『子供の権利』（1918〈大正7〉年）、平塚らいてうの『婦人と子供の権利』（1919〈大正8〉年）や生江孝之の『児童と社会』（1923〈大正12〉年）などが著されました。ここで、具体的に子どもの権利として挙げられたものは、たとえば「善良に産んでもらう権利、善良に養育してもらう権利、よく教育される権利」（西山哲治）であり、国家的見地から保護、教育の対象として、子どもの権利を主張するパターナリスティックなものが主流でした。与謝野晶子の主張の中などに「子は子自身のもの」とする子どもの自由や意思決定を尊重する子ども観をみることができますが、日本において「権利主体としての子ども」が社会的に承認され始めるのは、国際児童年（1979年）まで待たなければなりません。

〈参考文献〉野澤正子「子どもの権利と子ども論：『子どもの権利条約』の子ども観、養育観を中心にして」『社会問題研究』第41巻第1・2合併号（1991年）173-190頁

第Ⅱ部　現代の教育原理

第6章　国家と教育

田中　洋

はじめに

　学校では、小学校に入学した1年生の初めから、中学校、さらには高校に至るまで、クラスごとに決められた時間割に従って、日々、教育活動が行われています。もちろん、学年が上がるにつれて、選択授業が増えたり、最近では「個別最適な学習」ということが広く謳われるようになったりして、それぞれの興味・関心や能力に応じた教育が行われることもあります。それでも、どの学年で、どんなことを学習するのか、については、国の法令や学習指導要領によって定められています。この章では、教育内容を決めるのは誰か、ということについて、少し立ち入って考えてみましょう。

第1節　教育権論争

　学校で教える内容を誰が決めるのか、この教育内容を決定する権限を教育権と呼び、その所在をめぐる争いを「教育権論争」と言います。具体的には、大きく2つの立場が対立していました。それが、「国民の教育権」説と「国家の教育権」説との対立です。教育権が親や教員など国民の側にあるとする「国民の教育権」説に対して、「国家の教育権」説では、それが国家の側にあるとします[1]。

　一方の「国民の教育権」説によれば、教育内容の決定は、免許状により専門性を公証され、社会の教育要求を文化的ルートによりくみとる各学校の教員組織によってなされるべきであり、個々の教員

は教育権限の行使につき職務上の独立を制度的に保障されるべきとされます。この説は、教育内容が国家権力によって規制されると教育が政治的にゆがめられたり、教育の本質が損なわれたりすることなどを、主たる根拠にしています。

　他方の「国家の教育権」説によれば、教育内容の決定は、国家が民主的手続に従って、全国一律に決定する権限を有しているとされます。その根拠としては、3つの考え方があげられます。第一は、議会制民主主義です。国民の教育意思を適法に反映するのは、議会制民主主義においては法律のみであり、法律に基づいて運営される教育行政機関のみが国民の教育意思を実現できるとします。第二は、教育の中立性確保です。下級教育機関における教育は普通教育であり、児童生徒は理解力・判断力に乏しいため、国が適切な教育的配慮を施す必要があり、教育水準を全国的に一定のものとし、その中立性を確保するためにも国による教育内容の規制が必要と考えます。そして第三は、現代公教育の性格です。現代公教育は、かつての私教育に代わって福祉国家たる現代国家が、国民から教育権の付託を受けて組織的に行うものであり、そこでは教育の公共性が強調されるため、教育の私事性は捨象され、教育の自由も否定されるものとします[2]。

第2節　旭川学力テスト事件

　このような「教育権論争」について、一応の決着をつけたのが、旭川学力テスト事件に関する最高裁判所の判決ということになります。旭川学力テスト事件とは、1961（昭和36）年に北海道旭川市立中学校において、学力テストに反対する教員が、実施を阻止するために実力行使に出たことが、公務執行妨害罪等に問われた事件です。当時は、1956（昭和31）年度から旧文部省が行っていた全国一斉学力テストに対して、能力主義の教育政策であり、教育の

第6章　国家と教育

自主性を害することなどを理由に、全国で教職員組合を中心とした反対運動が行われていました＊3。この裁判でも、学力テストの実施が適法な公務に当たるのか、すなわち、全国一斉の学力テストを行う権限が国家に認められるのか、ということが、大きな争点となりました。

　この点について、第1審（旭川地方裁判所判決昭和41年5月25日）および第2審（札幌高等裁判所判決昭和43年6月26日）はともに、学力テストの実施は違法であり、適法な公務に当たらないとしましたが、最高裁判所は、学力テストの実施は適法であるとの判決を下しました（最高裁判所大法廷判決昭和51年5月21日）。その理由として、まず、上記の「教育権論争」について、「国家の教育権」説と「国民の教育権」説の「いずれも極端かつ一方的であり、そのいずれも全面的に採用できない」としたうえで、次のように国家と国民とがともに一定の範囲で教育内容の決定に関わることができるという中間的な立場を採用しました。すなわち、「憲法の保障する学問の自由は、単に学問研究の自由ばかりでなく、その結果を教授する自由をも含むと解されるし、更にまた、…普通教育の場においても、たとえば教師が公権力によって特定の意見のみを教授することを強制されないという意味において、また、子どもの教育が教師と子どもとの間の直接の人格的接触を通じ、その個性に応じて行われなければならないという本質的要請に照らし、教授の具体的内容及び方法につきある程度自由な裁量が認められなければならないという意味においては、一定の範囲における教授の自由が保障されるべきことを肯定できないではない。しかし、…普通教育においては、児童生徒に〔教授内容を批判する〕能力がなく、教師が児童生徒に対して強い影響力、支配力を有することを考え、また、…子どもの側に学校や教師を選択する余地が乏しく、教育の機会均等をはかる上からも全国的に一定の水準を確保すべき強い要請があ

第Ⅱ部　現代の教育原理

ること等に思いをいたすときは、普通教育における教師に完全な教授の自由を認めることは、とうてい許されない」とします。

そのうえで、「憲法の次元におけるこの問題〔＝教育権の所在：筆者注〕の解釈としては、…関係者らのそれぞれの主張のよつて立つ憲法上の根拠に照らして各主張の妥当すべき範囲を画するのが、最も合理的な解釈態度というべきである」と考えます。具体的には、次のように、親、教師および国家の権能を区別しました。

「親は、子どもに対する自然的関係により、子どもの将来に対して最も深い関心をもち、かつ、配慮をすべき立場にある者として、子どもの教育に対する一定の支配権、すなわち子女の教育の自由を有すると認められるが、このような親の教育の自由は、主として家庭教育等学校外における教育や学校選択の自由にあらわれるものと考えられるし、また、私学教育における自由や前述した教師の教授の自由も、それぞれ限られた一定の範囲においてこれを肯定するのが相当である」。「それ以外の領域においては、一般に社会公共的な問題について国民全体の意思を組織的に決定、実現すべき立場にある国は、国政の一部として広く適切な教育政策を樹立、実施すべく、また、しうる者として、憲法上は、あるいは子ども自身の利益の擁護のため、あるいは子どもの成長に対する社会公共の利益と関心にこたえるため、必要かつ相当と認められる範囲において、教育内容についてもこれを決定する権能を有する」というわけです。

第3節　学習指導要領

１．法的拘束力に関する最高裁判所の判例

上記のように、旭川学力テスト事件において最高裁判所は、国が「必要かつ相当と認められる範囲において、教育内容について」決定する権能を認めました。そこで、国が決めている教育内容について見ていくことにします。まず、学校教育法が「小学校の教育課程

第6章　国家と教育

に関する事項は、第29条及び第30条の規定に従い、文部科学大臣が定める」（33条）とします*4。それを受けて、学校教育法施行規則が、「小学校の教育課程は、国語、社会、算数、理科、生活、音楽、図画工作、家庭、体育及び外国語の各教科…、特別の教科である道徳、外国語活動、総合的な学習の時間並びに特別活動によって編成する」とします（50条1項）。そして、各教科等の授業時数や各学年の総授業時数についても、学校教育法施行規則が標準を定めています（51条、別表第1）。

　さらに具体的な内容については、学校教育法施行規則が、「小学校の教育課程については、この節に定めるもののほか、教育課程の基準として文部科学大臣が別に公示する小学校学習指導要領によるものとする」（52条）と定め、学習指導要領に委ねています。この学習指導要領に関しては、法令とは異なる、文部科学大臣が公示する告示という形式であるため、その法的拘束力については必ずしも明らかではありません。

　先述した旭川学力テスト事件の最高裁判所判決では、当時の学習指導要領について、「文部大臣〔当時：筆者注〕は、学校教育法…による中学校の教科に関する事項を定める権限に基づき、普通教育に属する中学校における教育の内容及び方法につき、…教育の機会均等の確保等の目的のために必要かつ合理的な基準を設定することができるものと解すべきところ、本件当時の中学校学習指導要領の内容を通覧するのに、おおむね、中学校において地域差、学校差を超えて全国的に共通なものとして教授されることが必要な最小限度の基準と考えても必ずしも不合理とはいえない事項が、その根幹をなしていると認められるのであり、その中には、ある程度細目にわたり、かつ、詳細に過ぎ、また、必ずしも法的拘束力をもつて地方公共団体を制約し、又は教師を強制するのに適切でなく、また、はたしてそのように制約し、ないしは強制する趣旨であるかどうか疑

79

わしいものが幾分含まれているとしても、右指導要領の下における教師による創造的かつ弾力的な教育の余地や、地方ごとの特殊性を反映した個別化の余地が十分に残されており、全体としてはなお全国的な大綱的基準としての性格をもつものと認められるし、また、その内容においても、教師に対し一方的な一定の理論ないしは観念を生徒に教え込むことを強制するような点は全く含まれていないのである。それ故、上記指導要領は、全体としてみた場合、教育政策上の当否はともかくとして、少なくとも法的見地からは、上記目的のために必要かつ合理的な基準の設定として是認することができる」としています。この判決によれば、国家が一定の範囲内において、教育の内容および方法について必要かつ合理的な基準を設定することが認められ、学習指導要領は、その基準として法規としての性質を認められたことになるといえるでしょう。

　ただし、その判決の中で、「その中には、ある程度細目にわたり、かつ、詳細に過ぎ、また、必ずしも法的拘束力をもつて地方公共団体を制約し、又は教師を強制するのに適切でなく、また、はたしてそのように制約し、ないしは強制する趣旨であるかどうか疑わしいものが幾分含まれている」との指摘には注意を払う必要があります。なぜなら、「教師による創造的かつ弾力的な教育の余地や、地方ごとの特殊性を反映した個別化の余地が」なかったり、「教師に対し一方的な一定の理論ないしは観念を生徒に教え込むことを強制するような点」が含まれていたりすれば、国家に認められた権限の範囲を超えるが故に、学習指導要領の法的拘束力が否定される場合もありうると考えられるからです。

　その後、担当教科の授業で所定の教科書を使用せず、学習指導要領を逸脱した指導を行ったことをなどを理由に懲戒免職処分を受けた県立高校の社会科教員が、その処分の取消を求めた伝習館高校事件においても、最高裁判所は、学習指導要領の法的拘束性について、

「法規としての性質を有するとした原審の判断は、正当として是認することができ」ると述べるのみで、肯定しています（最高裁判所第一小法廷判決平成2年1月18日）。

2．学習指導要領をめぐる問題

　学習指導要領については、前項で見たように、最高裁判所はその法的拘束性を肯定しています。したがって、学校では、学習指導要領に基づいて、自校の教育課程を編成しなければなりません。

　ところが、この点に関わって問題が生じた事例も見られます。その一つとして、2006（平成18）年に全国の高校で「必修逃れ」と呼ばれる状況が発覚しました。これは、学習指導要領で必修とされている科目のうち、高校が大学受験に必要ないと判断した科目について、その科目に代えて受験に必要な英語や数学などに充てていたというものです。文部科学省の調査[*5]によれば、未履修科目は、主なものとして世界史、情報、日本史、倫理、理科総合、家庭基礎、保健などであり、「必修逃れ」を行っていたことが判明した高校は全国で663校にのぼり、これは全高校の約12％にあたる数です。そのうち、293校は、学習指導要領が改訂された2003（平成15）年度から「必修逃れ」を行っていることから、この時の改訂により完全学校週5日制で授業時間が減る一方で、情報などの新教科が加わり、授業時数に悩む高校が、進学実績をあげるために行ったとも考えられています。

　本来であれば、必修科目を履修しなければ高校は卒業できません。しかし、文部科学省は、未履修がひとえに学校側の責任であることを重視して、生徒の不利益にならないような救済策を決定しました。それは、未履修科目の単位数がいくつであっても、最大70単位時間の範囲で、補習および一部レポートの提出も含めて、単位を認定するというものでした。また、既卒生についても、卒業認定を取り消す必要はないとしました。公教育の担い手である高校自らが、そ

第Ⅱ部　現代の教育原理

の役割を進学の準備に過剰に注力する現状が改めて明らかになると同時に、学習指導要領の意義が改めて問われた事件であったともいえるでしょう。

　もう一つは、2023（令和5）年に国立大学附属小学校において「教育課程の実施等に関し法令違反を含む不適切な事案」があったとされる問題です。当時の同小学校の校長が、同校の教育内容について県教育委員会に報告し＊6、それを端緒に設置された同大学の調査委員会の報告書が、2024（令和6）年1月に発表されました＊7。その報告書の中では、次のような授業内容が不適切とされていました。①毛筆による書写を実施していない、②教科書を主たる教材として使用していない、③理科の単元を配当年次以外で扱う、④道徳を教科ではなく全校集会で代替、⑤外国語としてカウントできない「言語文化」を外国語授業に含める、などです。

　確かに、学習指導要領の法的拘束力を強調し、そこに規定された一言一句を守ることが要求されるのであれば、同報告書の指摘はその通りなのでしょう。しかし、ここで改めて、旭川学力テスト事件の最高裁判所判決を振り返ってみることも意味がありそうです。同判決によれば、文部科学大臣は「教育の機会均等の確保等の目的のために必要かつ合理的な基準」いわば「大綱的基準」を設定することはできますが、その基準が「教師による創造的かつ弾力的な教育の余地や、地方ごとの特殊性を反映した個別化の余地が」ないものであれば、国家に認められた権限の範囲を超えて、学習指導要領の法的拘束力が否定される場合もありうると考えられることになります。これをふまえて、上記の①～⑤を読み直してみた時、果たして、一概に学習指導要領を逸脱した「不適切な授業内容」と断言できるでしょうか。ましてや、本校は、国立大学附属の小学校です。国立大学附属の学校には、通常の学校の役割に加えて、「実験的・先導的な課題」に取り組むことが求められています。そうであればなお

さら、「教師による創造的かつ弾力的な教育の余地」が広く認められてしかるべきではないでしょうか。ここでもまた、学習指導要領の意義が改めて問われているといえるでしょう。

第4節　道徳の教科化

　現在、道徳は、小学校、中学校および特別支援学校小学部・中学部の教育課程において、「特別の教科である道徳」として位置づけられています（学校教育法施行規則50条1項）。しかし、そもそも道徳は、1958（昭和33）年の学習指導要領改訂の際に初めて登場して以来、教科外の一領域として位置づけられてきました。それが現在のような教科となったのは、いじめ問題の深刻化という背景があります。2013（平成25）年2月に教育再生実行会議が発表した「いじめの問題等への対応について」（第1次提言）では、「道徳を新たな枠組みによって教科化し、人間性に深く迫る教育を行う」ことを提言しました。それを受けて文部科学省に設置された「道徳教育の充実に関する懇談会」が同年12月に発表した「今後の道徳教育の改善・充実方策について（報告）」において、道徳の時間を「特別の教科　道徳」と位置づけたうえで、道徳教育の目標や指導方法等についても改善を行うことが打ち出されました。

　翌2014（平成26）年10月に発表された中央教育審議会答申「道徳に係る教育課程の改善等について」においては、①道徳の時間を「特別の教科　道徳（仮称）」として位置づけること、②目標を明確で理解しやすいものに改善すること、③道徳教育の目標と「特別の教科　道徳（仮称）」の目標の関係を明確にすること、④道徳の内容をより発達段階を踏まえた体系的なものに改善すること、⑤多様で効果的な道徳教育の指導方法へと改善すること、⑥「特別の教科　道徳（仮称）」に検定教科書を導入すること、⑦一人ひとりのよさを伸ばし、成長を促すための評価を充実すること、等の改

第Ⅱ部　現代の教育原理

善の方向性が示されました。その後、2015（平成27）年の学校教育法施行規則および学習指導要領の一部改正を経て、「特別の教科　道徳」は、小学校等では2018（平成30）年度から、中学校等では2019（平成31）年度から、それぞれ全面的に実施されています。

　道徳の教科化については、そもそも道徳的な価値を教えることが公教育に馴染むのか、という根本的な問題を意識せざるをえません。その点は、「特別の教科　道徳」の評価が、他の教科とは異なり、記述式であることに端的に表れているといえるでしょう。文部科学省『小学校学習指導要領（平成29年告示）解説　特別の教科　道徳編』（平成29年7月）においても、「道徳性は、児童の人格全体に関わるものであり、数値などによって不用意に評価してはならない」と明記されていることに注意しなければなりません。

〈註〉
＊1　兼子仁『教育法（旧版）』有斐閣（1963年）126-127頁。
＊2　成嶋隆「国家の教育権と国民の教育権」『ジュリスト1089号』有斐閣（1996年）234頁。
＊3　この当時の学力テストは、1956（昭和31）年度から10年間で中止されました。それから40年以上経った2007（平成19）年から、小学6年生と中学3年生に対して、再び実施されるようになったのは周知の通りです。
＊4　学校教育法29条　小学校は、心身の発達に応じて、義務教育として行われる普通教育のうち基礎的なものを施すことを目的とする。
　　　学校教育法30条　小学校における教育は、前条に規定する目的を実現するために必要な程度において第21条各号に掲げる目標を達成するよう行われるものとする。
　　　②　前項の場合においては、生涯にわたり学習する基盤が培われるよう、基礎的な知識及び技能を習得させるとともに、これらを活用して課題を解決するために必要な思考力、判断力、表現力その他の能力をはぐくみ、主体的に学習に取り組む態度を養うことに、特に意を用いなければならない。

第6章　国家と教育

＊5　文部科学省調査（2006〈平成18〉年11月20日時点）。
＊6　朝日新聞朝刊2024年4月28日付。
＊7　国立大学法人奈良国立大学機構　奈良教育大学「奈良教育大学附属小学校における教育課程の実施等の事案に係る報告書」（令和6年1月9日）。

〈参考文献〉
・赤川理「137　学習指導要領の拘束力と教育の自由―伝習館高校事件」長谷部恭男・石川健治・宍戸常寿編『憲法判例百選Ⅱ（第7版）』有斐閣（2019年）298-299頁
・今野健一「136　教育を受ける権利と教育権―旭川学テ事件」長谷部恭男・石川健治・宍戸常寿編『憲法判例百選Ⅱ（第7版）』有斐閣（2019年）296-297頁
・田中洋「教育課程を法的に眺める」日本スクール・コンプライアンス学会編『スクール・コンプライアンス研究の現在』教育開発研究所（2023年）114-127頁

Q1　「教育権論争」について、対立する2つの考え方を整理したうえで、それぞれの長所・短所を考えてみましょう。
Q2　学習指導要領について、その意義をふまえたうえで、法的拘束力の有無を考えてみましょう。

第Ⅱ部　現代の教育原理

コラム

義務教育って何ですか？

　不登校の児童生徒数は、2023（令和5）年度には、小学校130,370人、中学校216,112人、合わせて346,482人で、その数は11年連続で増加し、過去最多となっています（文部科学省「令和5年度児童生徒の問題行動・不登校等生徒指導上の諸課題に関する調査」）。深刻な問題ですが、そもそも、小学校や中学校には、どうして行かなければならないのでしょうか。

　それに対しては、小学校6年間と中学校3年間の合わせて9年間は義務教育だから、保護者はその間、子どもを学校に通わせなければならないと考えるのが通常でしょう。確かに、学校教育法では、保護者に対して、子どもを「小学校、義務教育学校の前期課程又は特別支援学校の小学部」および「中学校、義務教育学校の後期課程、中等教育学校の前期課程又は特別支援学校の中学部に就学させる義務」を課しています（17条）。しかし、その根拠となる日本国憲法の規定では、「すべて国民は、法律の定めるところにより、その保護する子女に普通教育を受けさせる義務を負ふ」（26条2項）となっています。義務教育について、最高規範である憲法は「普通教育を受けさせる義務」（A）と規定しているのに対して、憲法から授権された学校教育法では「就学させる義務」（B）となっているのです。ここで（A）＝（B）であれば特に問題はありませんが、（A）＞（B）となれば、（B）とは異なる方法でも（A）を果たす余地がでてきます。つまり、子どもを小学校や中学校に就学させなくても「普通教育を受けさせる義務」を果たしたことになるわけです。そんな方法が果たしてあるのでしょうか。なかなかの難問ですが、教育基本法が、「義務教育として行われる普通教育」の目的を、「各個人の有する能力を伸ばしつつ社会において自立的に生きる基礎を培い、また、国家及び社会の形成者として必要とされる基本的な資質を養うこと」（5条2項）と定めているのが参考になるかもしれません。

第Ⅱ部　現代の教育原理

第7章　教育における平等

坂田　仰

はじめに

　「日本社会では誰もが平等に教育を受ける権利が保障されている」、メディア等でよく耳にするフレーズです。しかし、そう言い切ってよいのでしょうか。

　現実に目を向けると、地域格差、障害者、外国人やLGBTなどマイノリティの教育を受ける権利、そして保護者の経済状況に課題のある子ども等、教育を受ける権利、教育における平等が本当に達成されているのか、疑問を感じる点が幾つも存在します。本章では、日本社会において「当たり前のこと」と考えられている教育の平等、教育の機会均等について、障害者、外国人等、具体例を織り込みながら考えていくことにします。

第1節　教育の機会均等

　では、「日本社会では誰もが平等に教育を受ける権利が保障されている」というフレーズはどこから来ているのでしょうか。

　法制度という側面から教育の機会均等を見た場合、確かに平等に教育を受ける権利が保障されています。最高法規である日本国憲法は、14条1項で法の下の平等を定め、26条1項で特に教育の機会均等に触れ、「すべて国民は、法律の定めるところにより、その能力に応じて、ひとしく教育を受ける権利を有する」と規定しています。これらの規定を受けて、教育基本法は、「すべて国民は、ひ

87

第Ⅱ部　現代の教育原理

としく、その能力に応じた教育を受ける機会を与えられなければならず、人種、信条、性別、社会的身分、経済的地位又は門地によって、教育上差別されない」とし、教育の平等、機会均等を宣言しています（4条1項）。

　現在の教育基本法が制定されたのは2006（平成18）年のことですが、旧教育基本法にも同様の規定が存在していました。その国会審議の際、政府は、教育の機会均等を最も大切に考えていると答弁しています（1947（昭和22）年3月14日、第92回帝国議会衆議院教育基本法案委員会における辻田政府委員の答弁）。以下では、具体例に沿って教育の機会均等に向けてどのような対策がとられているのかを検討していくことにしましょう。

第2節　貧困

　学校教育の歴史を振り返るとき、経済状況が教育における平等を阻害する大きな要因であったことは疑いありません。それ故に、現代国家においては、教育費の無償化、奨学制度の整備等を通じて、家庭の経済状況にかかわらず全ての子どもに教育を受ける権利を保障していくことが期待されることになります。

　この問題を考えるにあたっては、2024（令和6）年に改正された、「こどもの貧困の解消に向けた対策の推進に関する法律」（こども貧困解消法）の存在を忘れてはならないでしょう。「貧困により、こどもが適切な養育及び教育並びに医療を受けられないこと、こどもが多様な体験の機会を得られないことその他のこどもがその権利利益を害され及び社会から孤立することのないようにするため、日本国憲法第25条その他の基本的人権に関する規定、児童の権利に関する条約及びこども基本法（令和4年法律第77号）の精神にのっとり、こどもの貧困の解消に向けた対策に関し、基本理念を定め、国等の責務を明らかにし、及びこどもの貧困の解消に向けた対策の

第7章　教育における平等

基本となる事項を定めることにより、こどもの貧困の解消に向けた対策を総合的に推進することを目的」とした法律です（1条）。

こども貧困解消法の下、「国及び地方公共団体は、教育の機会均等が図られるとともに、貧困の状況にあるこどもに対する学校教育の充実が図られるよう、就学の援助、学資の援助、学習の支援、学校教育の体制の整備その他の貧困の状況にあるこどもの教育に関する支援のために必要な施策を講ずる」ことが求められています（11条）。日本国憲法や教育基本法が定める教育を受ける権利の実質化を促す規定と言えるでしょう。

ここで、教育の無償化について概観しておくことにします。教育の無償化については、日本国憲法が「義務教育の無償」について規定しています（26条2項後段）。これを受けて教育基本法は、「国又は地方公共団体の設置する学校における義務教育については、授業料を徴収しない」（5条4項）と規定し、明治以来の伝統である授業料の無償化を宣言しています。

授業料以外の領域への拡大は個別法によって整備されています。まず、授業で使用する教科書の無償給与があります。「義務教育諸学校の教科用図書の無償に関する法律」および「義務教育諸学校の教科用図書の無償措置に関する法律」に基づき、1963（昭和38）年度に小学校第1学年について実施され、以後、学年進行で毎年拡大され、1969（昭和44）年度に小・中学校の全学年で無償給与が完成しました。

そして、生活保護法上の教育扶助があります。生活保護法は、①義務教育に伴って必要な教科書その他の学用品、②義務教育に伴って必要な通学用品、③学校給食その他義務教育に伴って必要なものを扶助の対象としています（13条）。これに加えて、市町村の就学援助に係わる「就学困難な児童及び生徒に係る就学奨励についての国の援助に関する法律」（就学奨励法）では、学用品またはその

購入費、児童・生徒の通学に要する交通費、児童・生徒の修学旅行費が対象となっています（2条）。

　また、学校保健安全法によって、「感染性又は学習に支障を生ずるおそれのある疾病で政令で定めるものにかかり、学校において治療の指示を受けたとき」、「その疾病の治療のための医療に要する費用について必要な援助」が行われることになっています（24条）。

　これら一連の規定の下、少なくとも義務教育段階においては、家庭の経済状況にかかわらず、教育を受ける権利が平等に保障されていると考えてよいでしょう。ただ、課題も存在します。これら規定の主たる対象は、小・中学校を中心とする義務教育段階です。高等学校や大学等、後期中等教育や高等教育に関してはまだまだ家庭の経済状況が影響を与える部分が少なくない点に注意を払う必要があります。

　そこで活用されているのが奨学金制度です。教育基本法は、「国及び地方公共団体は、能力があるにもかかわらず、経済的理由によって修学が困難な者に対して、奨学の措置を講じなければならない」（4条3項）と規定し、奨学金制度の整備を国と地方公共団体（自治体）に求めています。多くの生徒、学生が利用している日本学生支援機構の奨学金は、その中核となっている奨学金制度と言ってよいでしょう[1]。

第3節　障害者

　次に、障害者の教育について平等の視点から考えてみましょう。

　そもそも日本の戦後の教育制度は、その成立段階から障害者を置き去りにしたものだったことに注意する必要があります。戦後の教育改革を主導した連合国軍総司令部（GHQ）は、障害者の教育の改善に積極的な姿勢を有していました。たとえば、第1次アメリカ教育使節団は、「盲人や聾唖者、その他身体的に大きなハンディキ

ャップをもつ子供には、正規の学校では彼らの要求に十分に応じることができないので、特別のクラスあるいは特別の学校が用意されなければならない」と記しています。

　しかし、最終的に、障害児の就学義務は、戦前の教育環境がそのまま受け継がれることになりました。すでに一定の地歩を築いていた「盲者」および「聾者」の分野が先行して義務化され、1948（昭和23）年度に学齢に達した者から年次進行で就学義務化がすすめられていきました。その一方で、立ち後れていた「精神薄弱、身体不自由その他心身に故障のある者」の義務化は先送りされることになったのです。障害者の教育問題を論じる場合、メインストリームから外れたマイノリティ集団としての障害児という位置づけが一般的です。しかし、盲、聾、養護といった区分でみた場合、その中でも盲、聾という「障害児教育におけるメインストリーム」から取り残された、さらなるマイノリティとしての「精神薄弱、身体不自由その他心身に故障のある者」という"二重の構造"が浮かび上がることになります[*2]。

　先送りされていた養護学校の義務化は、1971（昭和46）年の中央教育審議会答申「今後における学校教育の総合的な拡充整備のための基本的施策について」を契機に動き出すことになりました。答申の中に、「これまで延期されてきた養護学校における義務教育を実施に移す」という一文が挿入されたからです。そして、国際障害者年を2年後にひかえた1979（昭和54）年4月、養護学校の義務化が実現しました。教育における平等を定めた日本国憲法の制定から33年を経て、ようやくすべての子どもを対象とした義務教育体制が確立することになったのです。

　そして、2007（平成19）年、日本の障害者教育は大きな転機を迎えます。インクルーシブといった世界的潮流、発達障害者支援法の制定に象徴される学習障害（LD）、注意欠陥・多動性障害

第Ⅱ部　現代の教育原理

（ADHD）等、障害に対する社会的認知の深まりを受け、旧来の盲学校、聾学校、養護学校という障害の種別に基づく枠組みを変更し、特別支援教育へと再編されたのです。

　ここで特別支援教育とは、「これまでの特殊教育の対象の障害だけでなく、その対象でなかったLD、ADHD、高機能自閉症も含めて障害のある児童生徒に対してその一人一人の教育的ニーズを把握し、当該児童生徒の持てる力を高め、生活や学習上の困難を改善又は克服するために、適切な教育を通じて必要な支援を行う」ことを意味します。そして、「障害のある児童生徒の自立や社会参加に向けた主体的な取組を支援するためのもの」として位置づけられています（文部科学省特別支援教育の在り方に関する調査研究協力者会議「今後の特別支援教育の在り方について（最終報告）」平成15年3月）。

　現在、学校現場では、障害者の教育を受ける権利を保障することは当然のことと考えられています。さらにこれを進めて、障害者が学校生活の中で遭遇する様々な障害、困難、いわゆる「社会的障壁」の除去が目指されています。具体的には、教員や支援員等を配置したり、エレベーターの設置等学校のバリアフリー化をしたりすることがその典型です。また、デジタル教材、ICT機器等の積極的な活用、教科書、教材、図書等の点訳や音訳、場合によっては、点字、手話といったコミュニケーション手段そのものを確保する等、教育課程や教材等への配慮も積極的に進められています。障害を理由に受入を拒否する、入学試験等において不利に扱うといった行為を禁止するという単なる差別の禁止を超えて、平等な参加を保障する教育への転換が目指されていることに注意しなければならないでしょう。

第7章　教育における平等

第4節　外国人の子ども

　では、外国にルーツを持つ子どもについてはどうでしょうか。グローバル化が急激に進む中、日本における外国人登録者数は上昇を続けています。子どもについても同様の傾向にあります。文部科学省「令和6年度学校基本調査」によると、2024（令和6）年5月1日現在、日本の小学校に在籍する外国人の子どもは9万1,560人、中学校に在籍する外国人の子どもは3万5,293人に上っています[*3]。日本に暮らす外国人の子どもの教育は、国際化の中で避けては通れない課題となっていることが分かります。

　この点、児童の権利条約は、「締約国は、その管轄の下にある児童に対し、児童又はその父母若しくは法定保護者の人種、皮膚の色、性、言語、宗教、政治的意見その他の意見、国民的、種族的若しくは社会的出身、財産、心身障害、出生又は他の地位にかかわらず、いかなる差別もなしにこの条約に定める権利を尊重し、及び確保する」（2条1項）、「締約国は、教育についての児童の権利を認めるものとし、この権利を漸進的にかつ機会の平等を基礎として達成する」（28条1項）等と規定しています。したがって、外国籍の子どもに対しても教育を受ける権利を平等に保障していくことが基本となります。いわゆる"内外人平等の原則"です。

　実務においては、この趣旨に従い、外国人の子どもが公立の義務教育諸学校へ就学を希望する場合、日本人の子どもと同様に無償で受け入れ、教科書の無償給与や就学援助を含め、日本人と同一の教育を受ける機会を保障しています。その意味においては、内外人平等の原則が達成されていると言ってよいでしょう。

　しかし、教育の原理という視点からは問題も存在します。それは、母語や母国の文化、慣習を学ぶというアイデンティティの確立に関わる教育をどう考えるのかという点です。当然のことですが、日本

第Ⅱ部　現代の教育原理

の学校教育、学習指導要領等は、日本の文化や伝統、慣習等を前提に作成、運営されています。その中には、他国の文化や慣習と相容れない部分が存在しているのです。

　たとえば、ジェンダー（性別役割分業）について考えてみましょう。日本の学校現場では、日本国憲法の下、男女平等は当然のことと教えられています。しかし、イスラム文化圏では必ずしもそうではありません。女性にベール等で顔を覆うことを求めたり、男性の同伴なしで外出を禁止されたり、様々な規制が当然のことと考えられている国が存在することも周知の事実です。

　では、内外人平等の原則を盾として、我が子に対して自分の国の文化や慣習に従ったこれら教育を求める保護者がいた場合、学校、教員はこれに応じる必要があるのでしょうか。外国人の子どもを単に受け入れるだけではなく、積極的に外国ルーツのアイデンティティ教育を果たしていくべき義務が存在するのかという問題です。

　この問題については、既に司法の場でも争われています。公立中学校に在籍していた外国人の子どもの就学義務を巡る訴訟においてのことです（大阪地方裁判所判決平成 20 年 9 月 26 日）。

　判決は、外国人の子どもについて就学義務は存在しないとしました。その際、日本の学校教育について、「言語（国語）の問題や歴史の問題を考えれば明らかなように、わが国の民族固有の教育内容を排除することができないのであるから、かかる学校教育の特色、国籍や民族の違いを無視して、わが国に在留する外国籍の子ども（の保護者）に対して、一律にわが国の民族固有の教育内容を含む教育を受けさせる義務を課して、わが国の教育を押しつけることができないことは明らかである（このような義務を外国人に対して課せば、当該外国人がその属する民族固有の教育内容を含む教育を受ける権利を侵害することになりかねない。）」としています。日本の学校教育が日本人のアイデンティティ教育と密接不可分であるとの

94

第7章　教育における平等

考え方に立ったものであり、外国ルーツのアイデンティティ教育との衝突が生じる可能性を前提とした判決と言えるでしょう。

第5節　LGBT

　なお、学校教育における平等に関わる現代的課題としてLGBTへの対応が存在します。LGBTとは、レズビアン（Lesbian）、ゲイ（Gay）、バイセクシャル（Bisexual）、トランスジェンダー（Transgender）の頭文字を集めた造語です。LGBがもっぱら性的な指向を意味するのに対し、Tは性同一性障害等、性的な自己認識を内容としています。

　近年、LGBTに対する社会的関心が高まり、平等という観点から職場や学校における対応が迫られています。学校教育と関わっては、2015（平成27）年4月、文部科学省が「性同一性障害に係る児童生徒に対するきめ細かな対応の実施等について」（平成27年4月30日付け27文科初児生第3号）と題する通知を発出しています。通知では、「学校生活を送る上で特有の支援が必要な場合がある」として、「個別の事案に応じ、児童生徒の心情等に配慮した対応を行うこと」が求められています。その名称が示すとおり本来は「性同一性障害」に焦点をあてたものですが、事実上、学校現場におけるLGBT全般を考える指針として機能していることに注意が必要となります。

　ただ、学校現場における対応は一義的に定まるものではありません。通知は、支援は「当該児童生徒が有する違和感の強弱等に応じ様々であり、また、当該違和感は成長に従い減ずることも含め変動があり得るものとされていることから、学校として先入観をもたず、その時々の児童生徒の状況等に応じた支援を行うことが必要」と指摘しています。また、2022（令和4）年12月に公表された改訂版の生徒指導提要は、「性同一性障害に係る児童生徒については、

95

第Ⅱ部　現代の教育原理

学校生活を送る上で特別の支援が必要な場合があることから、個別の事案に応じ、児童生徒の心情等に配慮した対応を行うことが求められ」るとしています。いずれも統一的な対応ではなく、状況に応じた柔軟かつ合理的な対応を促すものになっていることに留意する必要があるでしょう。

　この点、アメリカ合衆国では、いわゆる"トイレ戦争"が学校現場を襲っています。2016年、オバマ大統領（当時）が、公立学校に対して、トランスジェンダーが自己の性的認識に従ってトイレ等の施設を利用できるようにすべきとの通知を発表したことが大きなきっかけとなりました。この所感を受けて、連邦政府は、連邦補助金を失うリスク等を示した上で、児童・生徒の性的認識を尊重すべきことを促す解釈基準を発表しました。これに対して、保守的な州政府が一斉に反発し社会を二分する論争が展開されることになったのです。

　10年が経過した現在も"トイレ戦争"は続いています。近年、「米国の各地で、トランスジェンダーを対象とした法規制が進んでいる」と言われ、「権利擁護を求める声の一方で、共和党が掌握する保守的な州で締め付けが目立ち、かつての同性婚と似た政治的対立軸となりつつある」という指摘が存在することに目を向けることが重要です[4]。

　幸いなことに、日本の学校ではまだ大きな論争にはなっていません。しかし、その動向には常に注意を払う必要があります。その際、2023（令和5）年に制定された「性的指向及びジェンダーアイデンティティの多様性に関する国民の理解の増進に関する法律」（LGBT理解推進法）の存在に注意を払う必要があります。同法は、「全ての国民が、その性的指向又はジェンダーアイデンティティにかかわらず、等しく基本的人権を享有するかけがえのない個人として尊重されるものである」（3条）との理念に即し、学校の設置者

に対して教育環境を整備すること等を求めています（6条2項）。

〈註〉
* 1　ただし、日本学生支援機構の奨学金を含めて、日本の奨学金は、返還義務を伴う貸与型が多くを占めているとされています。卒業後、奨学金の返済に追われ、奨学金がさらなる貧困を生むという指摘が存在することにも注意を払う必要があるでしょう。
* 2　旧文部省は、「教育思潮が根底から激動し」、新しい義務教育制度が全国一斉に実施される中、「何といっても少数例外者でしかない障害児たちへの教育的配慮が、にわかに実施できる余裕があろうはずもなかった」と指摘しています（文部省『学制百年史』帝国地方行政学会、1975年、776頁）。
* 3　日本国籍を保有していない子どもの数（日本との二重国籍者や帰化した者を除く）。
* 4　朝日新聞2021年7月10日。

〈参考文献〉
・内山絵美子ほか『保育士・教員のための憲法』八千代出版（2023年）
・坂田仰編著『四訂版　学校と法―「権利」と「公共性」の衝突―』放送大学教育振興会（2024年）
・小内透編著（広田照幸監修）『リーディングス日本の教育と社会13　教育の不平等』日本図書センター（2009年）

Q1　アイデンティティの形成に関わる学校教育の役割について、そのメリット、デメリットを日本で暮らす外国人の子どもの視点に立って考えてみよう。

Q2　LGBTに関わって、性自認に応じたトイレの選択と生物学的性に基づくトイレの使用について、それぞれのメリット、デメリットについて考えてみよう。

障害者雇用率

　教育における障害者の平等を考える場合、避けては通れない課題として障害者雇用率の問題があります。障害者の雇用に関しては、障害者の雇用の促進等に関する法律（障害者雇用促進法）の下で総合的な取り組みが行われています。同法の下、事業主は、「障害者の雇用に関し、社会連帯の理念に基づき、障害者である労働者が有為な職業人として自立しようとする努力に対して協力する責務」を有しています（5条）。

　その一環として、民間事業者や国、地方公共団体には障害者雇用促進法によって一定の障害者雇用率を達成する努力義務が課されています。2024（令和6）年現在、民間事業者は2.5％、国、地方公共団体は2.8％、都道府県等の教育委員会は2.7％の法定雇用率が設定されています。

　問題は、対象となっている教育委員会の達成率です。厚生労働省の調査「令和6年障害者雇用状況の集計結果」によれば、2024（令和6）年6月1日現在、対象となる教育委員会で雇用されている障害者は1万7,719人、雇用率は2.43％で障害者雇用率は未達成となっています。対象となる93教育委員会のうち、都道府県教育委員会では47機関中25機関が未達成、市町村教育委員会では46機関中18機関が未達成という状況です。

　旧教育基本法は、その前文において、日本国憲法の掲げる「理想の実現は、根本において教育の力にまつべきもの」と宣言していました。その教育の場において障害者の雇用が遅れている点をどのように考えるべきでしょうか。災害や事故発生時等、教員に求められる対応は厳しいものがあります。子どもの安全確保を障害者に委ねることに対して不安の声があることは確かです。しかし、障害の種別や程度は極めて多様です。また、教育委員会には教員以外にも多様な職種があり、子どもの安全確保を理由に一概に否定することはできないのではないでしょうか。

第Ⅱ部　現代の教育原理

第8章　現代の教育制度

高木　加奈絵

はじめに

　1945（昭和20）年8月15日、日本はポツダム宣言を受け入れ、無条件降伏をしました。その後、連合国軍総司令部（GHQ）が主導する形（間接統治）で、戦前・戦中の諸制度の改革が行われていきます。教育分野もまた、明治期から戦時下の教育内容や教育制度の改革が行われました。

　では、どういった改革が行われた結果、現在のような教育制度となったのでしょうか？

第1節　戦後教育改革

　大日本帝国憲法、いわゆる「明治憲法」には、教育に関する条文は明記されていませんでした。また戦前・戦時中の教育では、教育に関する基本法規は天皇による勅令によって定めるという「勅令主義」というやり方をしていました。

　しかし、1945年にGHQから五大改革指令[*1]が出されたことにより、戦前・戦時下の教育は大きく変わることとなりました。特に重要なのは、「日本国憲法」（1946（昭和21）年11月3日公布、1947（昭和22）年5月3日施行）に「教育を受ける権利」が明記されたことです（26条）。こうして日本の教育法令は、「法律の定めるところにより」教育（行政）が行われるという考え方へと変わりました（法律主義）。民主主義によって選出された国民の代表

99

者が構成する議会で教育のあり方を決定し、法律に基づいて実際の教育（行政）が行われる形になったわけです。

こうした法律主義や民主主義に基づく教育（行政）運営の象徴として、「教育基本法」が1947（昭和22）年にできました。「教育基本法」の制定によって、日本の近代学校の理念や徳目を定めていた「教育勅語」はその役割を終え、1948（昭和23）年に衆議院では排除、参議院では失効確認の決議がなされました。

教育制度も大きく変わりました。1947（昭和22）年に「学校教育法」ができたことにより、義務教育は小学校の6年と中学校の3年となります（6・3制）。戦前までの学校制度では、義務教育を終えた後にはそれぞれの進路に合わせた上級学校に進学する等の

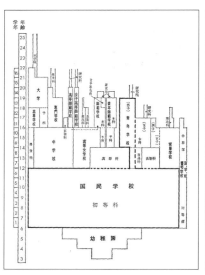
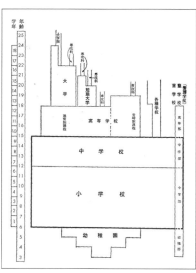

出典）文部省『学制百年史　資料編』帝国地方行政学会（1981年）
https://www.mext.go.jp/b_menu/hakusho/html/others/detail/1318188.htm
（最終アクセス日：2024年12月10日）より引用

　　図8－1　1944（昭和19）年　　　図8－2　1949（昭和24）年
　　　　　　学校系統図　　　　　　　　　　　　学校系統図

第8章　現代の教育制度

分岐した教育制度となっていました（複線型学校体系、図8-1）。しかし、学校教育法の成立に伴い義務教育を終えてもなお進学をする場合は、高等学校へと進学するという現在のような教育制度になりました（単線型学校体系、図8-2）。

　「学校教育法」の制定に伴い、教育内容も大きく変わりました。小学校の例で見てみましょう。戦前・戦中期に存在していた、「修身」、「地理」、「歴史」、「公民」という科目は廃止され、新たに「社会科」、「家庭科」、「自由研究」の時間が設けられることとなりました。こうした教育内容は、教育基本法に宣言されているように「平和と民主主義」の理念に基づいています。このことは、1947（昭和22）年に出された『学習指導要領一般編（試案）』にもよく表れています。

　さらに教育行政の在り方も大きく変わりました。1948（昭和23）年には教育委員会法が成立し、都道府県教育委員会や市町村教育委員会が設置されることになりました。また、教育委員の選任にあたっては、選挙で選出するという公選制教育委員会制度が採用されることとなりました。

　こうしたGHQが主導した教育改革は、「民意の反映」、「教育行政の一般行政からの独立」、「地方分権（自治）」という「戦後教育改革の原理」に貫かれていたといわれています。

第2節　戦後教育改革の揺り戻し

　1951（昭和26）年、日本は連合国諸国とサンフランシスコ講和条約を締結し、翌年の1952（昭和27）年に占領統治は終了、主権を回復しました。日本が主権を回復したこの時期は、西側諸国（アメリカを中心とする資本主義・自由主義の国々）と東側諸国（ソ連を中心とする共産主義・社会主義の国々）が武力で直接には衝突しないけれども、激しく対立するという冷戦構造ができ始めた

時期でした。そのため、日本がアメリカを中心とする連合国諸国とだけ講和条約を結んだということは、日本が西側諸国と共同歩調をとるということを意味しました。

　こうした国際的な対立構図は、日本国内の政治にも大きな影響を与えました。1955（昭和30）年には、西側諸国との共同歩調を取ろうとする自由民主党（自民党）が結成されるとともに、東側諸国とのつながりを重視しようとする日本社会党という2つの大きな政党が対立する事態となります。この年以降、自民党が政権を取り続けるという状態が長く続くことになります。

　こうした状況は、教育制度にも大きな影響を与えました。1956（昭和31）年には、公選制（図8－3）を採っていた教育委員会制度が制度変更することとなり、任命制教育委員会制度ができました（図8－4）。

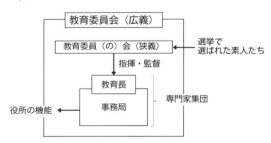

図8－3　公選制教育委員会の仕組み

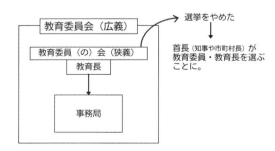

図8－4　任命制教育委員会の仕組み

第8章　現代の教育制度

1948（昭和23）年の「教育委員会法」は廃止となり、根拠法令が「地方教育行政の組織及び運営に関する法律」（1956（昭和31）年）へと変わりました。

任命制教育委員会制度では、教育委員や教育長の選定を首長が行い、議会の同意を得て任命するという方法に変わりました。また、市町村の教育長を任命する際には都道府県教育委員会の承認が、都道府県教育委員会の教育長を任命する際には文部大臣（当時）の承認が必要であるという「教育長任命承認制度」が採用されました。

こうした制度変更の背景には、公選制教育委員会制度では、①政治的中立性と安定性が確保できないこと、②地方分権（自治）が強調されたために、国・都道府県・市町村が一体となった教育行政運営が困難であったこと、③教育委員会の独立性が強かったために、教育行政と一般行政の調和をはかる必要があったこと、があったとされています（任命制教育委員会制度を支える論理）。

東西冷戦構造に基づく保守―革新の対立の教育政策の影響は、任命制教育委員会制度にとどまりませんでした。例を挙げればきりがありませんが、1950年代末には教員の勤務評定や学習指導要領の官報告示、特設道徳、全国学力テストなどの問題をめぐって、自民党（政府与党）・文部省と日本教職員組合（日教組）が激しく対立する事態となりました。こうした戦後の諸改革を戦前・戦時中の状況に揺り戻したように見える1950年代頃の動きは、当時、逆コースの改革と呼ばれました。

また1960年代以降は、こうした問題をめぐって教育裁判が頻発しました。教員の処分をめぐる裁判や、教員の超過勤務に関する裁判などがものすごい数で増えたのです。中でも、旭川学力テスト事件最高裁判決（第6章を参照）や、家永教科書裁判はこうした教育裁判の時代を語るうえで、避けては通れない重要な事件や判決といえるでしょう。

103

第Ⅱ部　現代の教育原理

第3節　教育改革の時代

　1950年代末から60年代初頭にかけての時期は、世界的にも激動の時代でした。たとえば、1957（昭和32）年にはソ連が世界初の人工衛星の打ち上げに成功するというスプートニク・ショックがありました。また1962（昭和37）年にはキューバ危機が起こり、大国間での直接的な交戦が生じる可能性が高まりました。冷戦構造が激化したのです。

　こうした流れの中で、日本だけではなく世界的に、科学技術重視の教育改革が進みました。高度な科学技術を開発できる科学技術者の養成が急務となったためです。この時期の日本は高度経済成長の時代で、高校進学率が急激に上昇しました。

　このように急激に教育を取り巻く状況が変わっていったため、70年代以降、教育改革の機運が高まり始めます。1971（昭和46）年に中央教育審議会（中教審）から出された「今後における学校教育の総合的な拡充整備のための基本的施策について」という答申（以下、46答申）は、この時期の教育改革を目指した動きの象徴的な文書といえるでしょう。46答申は、就学前の教育から高等教育までの学校教育全般に関しての改革構想を提言しており、中高一貫教育や進路に応じた高校教育の多様化・複線化の構想なども提言していました。

　こうした改革構想とは別に、1984（昭和59）年から1987（昭和62）年の3年間限定で、総理府（当時）に臨時教育審議会（以下、臨教審）が置かれました。この臨教審は、当時の総理大臣であった中曽根康弘の直属の、教育改革のために作られた会議体でした。この時期は、登校拒否（今でいう不登校）やいじめ問題、受験競争などの教育問題が社会問題として耳目を集めていたため、総理大臣が自ら教育改革に取り組もうとしたわけです。

第8章　現代の教育制度

　臨教審答申の内容も多岐にわたる改革提言がなされており、実現したものもいくつかありました。たとえば、中学校と高校の教育課程を一貫して行う中等教育学校は、1999（平成11）年に学校教育法を改正することで実現しました。また、臨教審で提言された新学力観は、1989（平成元）年以降の学習指導要領に反映されています。新学力観とは、それまでの教育で重視されていた知識や技術の習得という意味での学力だけではなく、関心・意欲・態度といった要素も学力として扱い、評価をしようとするもののことです。

　こうした教育改革は、2000年代に入ってさらに加速していきました。2006（平成18）年には教育基本法がはじめて改正され、社会的に大きな注目を集めました。また、教員評価や学校評価といった評価政策が学校現場に取り入れられたり、教員免許が10年の期限付きになり教員免許更新制が導入されたのもこの時期の特徴です[*2]。2015（平成27）年には、教育委員会制度がさらに改革され、任命制教育委員会の形を残しながらも、教育長のリーダーシップを高めるとともに、首長と教育委員会から構成される総合教育会議というものができました。さらに2016（平成28）年には、小学校と中学校の9年間の教育課程を一貫して行う義務教育学校ができました。

　今まで述べてきたように、戦後日本の教育はいくつもの転換点があり、現在の形になってきたのです。そして教育政策や制度が大きく変わる変わり目には、国際政治や国内政治の影響がありました。教育と政治は、決して無縁ではなく、むしろ密接に関係しているのです。

第4節　諸外国の教育制度

　諸外国の教育制度の状況を見てみましょう。まずは諸外国の義務教育年齢の比較です（表8-1）。

105

ここにあげた事例の国を比較してみると、日本と同じように、6歳から15歳までの9年間の義務教育を行っている国はドイツ、中国、韓国であるということがわかります。イギリスやフランスは、日本でいうと幼稚園の頃から義務教育が始まっていることもわかります。また、アメリカは日本でいうと高校生卒業までが義務教育となっていることも読み取れます。

表8-1 各国の義務教育年齢

国	義務教育期間
日本	6歳～15歳
アメリカ	6歳～18歳
イギリス	5歳～16歳
フランス	3歳～16歳
ドイツ	6歳～15歳
中国	6歳～15歳
韓国	6歳～15歳

出典）文部科学省『諸外国の教育統計　令和6（2024）年版』を基に作成

では学級の規模はどうなっているでしょうか。アメリカの例がわかりやすいので、日本とアメリカの比較を見てみましょう。

日本は、「公立義務教育諸学校の学級編制及び教職員定数の標準に関する法律」（義務標準法）で学級規模の標準を定めて上限としています。日本とは異なり、表8-2のアメリカのように、州ごと

表8-2 日本とアメリカの学級編制基準の比較

国	学校種	標準人数
日本	小学校	35
	中学校	40
	高等学校	40

国	州	学年	上限人数
アメリカ	テキサス州	就学前教育～第4学年	22
	モンタナ州	就学前教育～第2学年	20
		第3～4学年	28
		第5～12学年	30
	ケンタッキー州	就学前教育～第3学年	24
		第4学年	28
		第5～6学年	29
		第7～12学年	31

出典）文部科学省『諸外国の教育統計　令和6（2024）年版』を基に作成

第 8 章　現代の教育制度●

に学級の上限人数が異なる国も存在しています。

　表 8 - 2 をもう少し見てみましょう。モンタナ州では、日本でいう小学校 5 年生から高校 3 年生までの学級の上限人数が 30 人となっています。ケンタッキー州の場合は、日本でいう中学校 1 年生から高校 3 年生までの上限人数は 31 人となっています。この表を見ると、アメリカの中学校や高校の学級規模は、日本よりも小さいことがわかります。

　また、イギリスやフランスでは、上限の人数を法律で定めていません。しかし、上限を定めていないからといって、日本よりも 1 学級あたりの児童生徒数が多いわけではないようです。たとえば、OECD が毎年出している調査（OECD2024）を見ると、イギリスやフランス、ドイツなどの国々は、前期中等教育（日本でいう中学校）の 1 学級あたりの生徒数は 25 人前後なのに対し、日本の中学校は 32 人となっており、日本よりも 1 学級あたりの生徒数が少ないことがみてとれます。

　さらに、学校体系はどうなっているでしょうか。アメリカとドイツの例を見てみましょう。

　アメリカの学校体系も、ドイツの学校体系も、日本のものに比べると複雑であることがみてとれます。アメリカの学校体系が複雑なのは、州によって修業年限が異なるためです。合計 12 年の義務教育を受ければよいのですが、日本のように 6 - 3 - 3 制を採っている州もあれば、8 - 4 制や、5 - 3 - 4 制の州もあるので、複雑な図になるわけです（図 8 - 5 ）。

　ドイツの場合は、アメリカとは異なった理由で学校体系が複雑になっています（図 8 - 6 ）。ドイツの学校体系は、戦前・戦時中の日本のように、卒業後の進路によって選ぶ学校が異なるのです。たとえば、ハウプトシューレは卒業後に就職をする子どもたちが選ぶ学校の種類、実科学校は卒業後に職業教育学校に進学、もしくは中

107

級の職への就職を目指す子どもたちが選ぶ学校の種類、ギムナジウムは大学進学を目指す子どもたちが選ぶ学校の種類、といった具合です。

こうして海外の学校と日本の学校を比べてみると、義務教育の年限や学級規模、学校体系など基礎的な部分も大きく異なることがわかります。教育は、その国を将来担う人材の育成をする機関ですから、その国々でどういった人材を育成したいのかによって、制度の在り方も様々になるということでしょう。

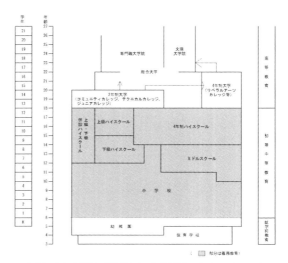

出典）文部科学省『諸外国の教育統計　令和6（2024）年版』より引用

図8－5　アメリカの学校体系

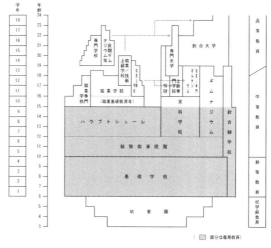

出典）文部科学省『諸外国の教育統計　令和6（2024）年版』より引用

図8－6　ドイツの学校体系

第8章　現代の教育制度

おわりに

　今まで見てきたように、日本の戦後の教育制度はいくつもの制度変更があって現在の姿になっていることがわかりました。また、海外の教育制度についても、各国の考え方の違いによって、制度の在り方が異なるということが明らかになりました。このように、様々な制度が作られ現在のような形になっている背景には、制度を作る側にいる人々の考え方（イデオロギー）や、様々な考え方を持つ人々の間での駆け引き（政治）が存在しています。

〈註〉

＊１　五大改革指令とは、秘密警察の廃止、労働組合の結成奨励、婦人の解放、教育の自由化、経済の民主化のこと。

＊２　2009（平成21）年４月に導入された教員免許更新制は、2022（令和４）年７月に廃止されました。

〈参考文献〉

・文部科学省『諸外国の教育統計　令和６（2024）年版』
・広田照幸『教育改革のやめ方─考える教師、頼れる行政のための視点』岩波書店（2019年）
・OECD編著『図表でみる教育　OECDインディケータ（2024年版）』明石書店（2024年）

Question

Q1　公選制教育委員会と任命制教育委員会、それぞれの制度のメリットとデメリットはどういったことが考えられるでしょうか？

Q2　旧教育基本法と現在の教育基本法では、どういった部分が変わっているでしょうか。またなぜそういった改正がなされたのでしょうか。考えてみましょう。

教員の働き方を法的に考える

　今から数年前に、ある自治体が教員の魅力を伝えるためのパンフレットを作成し、公開したのですが、そのパンフレットに掲載されていた教員全員が、所定労働時間を大幅に超えていたというニュースが世間を騒がせたことがありました。ある意味で、とても正直な自治体ですね！

　公立学校の教員を含む地方公務員の勤務時間その他の勤務条件は、一部を除き労働基準法が適用されます。そして、同法の制約内で、各自治体の条例により給与や勤務時間等の労働条件が定められることとなっています（地方公務員法24条5項）。

　公立学校の教員がほかの公務員と最も異なるのは、残業代についてです。公立学校の教員は、一般の公務員と異なり、残業代が支払われません。その代わりに、最初から給与月額の4％分を上乗せして払うという教職調整額という仕組みがあるのです（「公立の義務教育諸学校等の教育職員の給与等に関する特別措置法」（給特法））。教員の長時間勤務が問題となる中、給特法は改正が予定されており、教職調整額が4％から10％に引き上げられる予定です。

　なお、給特法は「公立の義務教育諸学校等の教育職員を正規の勤務時間を超えて勤務させる場合等の基準を定める政令」がセットになっています。この政令には、教育職員に対しては正規の勤務時間を適正に割り振り、原則は残業をさせないこと、校長が教員に対して残業を命じることができるのは、①生徒の実習等、②修学旅行等、③職員会議、④非常災害時等、の4つだけであることが定められています（超勤4項目）。

　実際には教員はこの4項目以外の職務でも残業をしているので、近年、残業代の支払いを求める裁判が増えています。しかし裁判例によれば、「教員は校長に命じられたわけでもないのに残業をしている」ということになってしまい、なかなか裁判に勝つことができないのです。

　学校の先生の働き方に目を向けて、さらに深く調べてみましょう。

第Ⅱ部　現代の教育原理

第9章　教育実践の基礎理論

小野　まどか

はじめに

　この章では、教育実践の基礎理論として、教育課程とその編成・実施の際に必要となる知識（評価等）や実践事例を取り上げていきます。本章において一番重要なキーワードは「教育課程」ですので、まずこの用語について確認するところから始めていきましょう。なお、この章では基本的に幼稚園・小学校における教育課程を取り上げますが、必要に応じて、保育所や認定こども園、中学校、高等学校（以下、高校）についても取り上げていきます。

第1節　教育課程と事例

1．教育課程とは

　皆さんは、小学校6年間、中学校3年間、高校3年間の12年間にどのような授業を受けましたか。何の教科を何時間学びましたか。幼稚園に通っていた方であれば、さらに3年間、つまり15年間も学んできたことになります。それでは、この15年間をより効果的・効率的に過ごすためには、どのように計画を立てれば良いのでしょうか。教科や学習活動をどのように割り振っていけば良いのでしょうか。さらには、どのような授業方法等を採用し、実施結果をどのように評価し、教育を改善していけば良いのでしょうか。それらを考えていくのが「教育課程」[*1]です。

　文部科学省によれば、「教育課程」とは「必要な教育の在り方を

第Ⅱ部　現代の教育原理

具体化する」ものであり、「各学校において教育の内容等を組織的かつ計画的に組み立てた」ものであることが示されています（平成29年版小学校学習指導要領）。「教育課程」が何を指すのか、これだけではまだ難しいイメージかもしれません。そこで、以下では幼稚園や小学校の具体的な事例を紹介します。

２．幼稚園の一日

　表９‐１は、幼稚園の一日の流れを表にまとめたものです。表９‐２の小学校の時間割例と比べると、どのような違いがあるでしょうか。

表９‐１　幼稚園の一日

9:00	登園、朝の挨拶
10:00	各クラスの活動（一斉活動や自由遊び）
11:00	↓
12:00	昼食
13:00	自由遊び
14:00	おかえりの会、降園

出典）全国幼稚園教員養成機関連合会HP「幼稚園教諭・保育士になろう‼」
　https://www.zenyoukyo.jp/become/youchi-day/（最終アクセス日：2024年12月10日）、
　平成29年版『幼稚園教育要領』を基に作成

　まず、一日の活動時間が短いということに気が付くかもしれません。幼稚園では後述するように一日の教育時間の標準が４時間とされています。そのため、表９‐１では幼稚園の中での一日の活動の時間が10時から14時までとなっています。

　それでは、10時以降どのような活動を行っているのでしょうか。10時からの各クラスの活動では、クラスや学年全体で同じ活動を行う一斉活動と、それぞれの子どもたちが思い思いの方法で遊ぶ自由遊びがあります。一斉活動では、読み聞かせや体を動かす活動（体操やリトミック等）、工作のほかに、運動会やお遊戯会、制作展

第9章　教育実践の基礎理論

等の行事に向けた準備や練習も行われます。自由遊びの時間では、園庭や室内の工作スペース等でそれぞれの遊びをすることができます。

　このように、幼稚園では各クラスの活動や自由遊びの時間等を通じて、生活や学習の基盤を育成する取り組みを行っています。

３．小学校の時間割例

　一方、小学校ではどのように過ごしているのでしょうか。表9－2は2006（平成18）年当時の東京の小学5年生の時間割例を示したものです。事例は少し古いものですが、幼稚園の一日と比べるとどのような違いがあるでしょうか。

表9－2　2006（平成18）年当時の東京のある小学校の時間割例（小学5年生）

	月曜日	火曜日	水曜日	木曜日	金曜日
8:50〜9:35	図工／社会	国語	理科／国語	社会	算数
9:40〜10:25	図工／道徳	体育	国語	国語	道徳／体育
10:45〜11:30	理科	理科	総合	家庭	音楽
11:35〜12:20	国語	算数／音楽	算数	家庭	国語
12:20〜13:40	昼食・休み時間				
13:40〜14:25	算数	算数	学活／算数	体育	総合
14:30〜15:15		社会			総合

出典）Benesse 教育研究開発センター「『学習基本調査・国際6都市調査』速報版」
https://benesse.jp/berd/up_images/research/gakukihon_6toshi_soku.pdf（最終アクセス日：2024年12月10日）を基に作成

　たとえば、幼稚園よりも早い時間に授業が始まり、幼稚園よりも遅い時間に授業が終わるということがあげられるでしょう。また、

113

第Ⅱ部　現代の教育原理

図工や道徳等、学ぶ内容が教科等としての枠組みをもち、一日の中で45分ごとに学ぶ内容が区切られていることも小学校の特徴としてあげられるかもしれません。なかには、「総合的な学習の時間」や学活のように教科以外の時間もありますが、学校にいる間の大半は教科を学ぶ時間に割り当てられていることがわかります。

　このように、小学校ではより細かく分けられた教科等が月曜から金曜まで配置されています。同じように、中学校や高校ではどのような時間割だったのか、思い出してみても良いでしょう。

４．日本の教育課程の基準

　ここまで、幼稚園の一日と小学校の時間割例を見てきましたが、全国の学校がすべて自由に一日や一週間の流れ、学ぶ内容等を決められるわけではありません。

　文部科学省では、全国どこの学校に通っていても、同じような教育水準を維持するために「教育課程の基準」として学習指導要領を定めています（幼稚園の場合は幼稚園教育要領）。この学習指導要領は、学校教育法施行規則38条や52条等を根拠として定めており[2]、1947（昭和22）年以降、概ね10年に一度改訂しています。各学校ではこの基準に従って、教育課程を編成する必要があります。

　ただし、学習指導要領は大綱的基準として定められているため、学ぶ内容や指導方法等を細かく規定しているわけではありません。各学校では、学習指導要領を参照し、子どもの実態や地域の実情等を鑑みて、各学校が各学年の時間割や年間指導計画、単元指導計画等を作成することができます。

　幼稚園や小学校と同様に、保育所や認定こども園にも基準となるものがあります。保育所の場合は厚生労働省で定められた「保育所保育指針」によって、幼保連携型認定こども園の場合は内閣府・文部科学省・厚生労働省で定められた「幼保連携型認定こども園教育・保育要領」によって、どのような教育・保育を実施することが

第9章　教育実践の基礎理論

望ましいのか示されています。各保育所や認定こども園では、これらの指針・要領に基づいて教育・保育活動の内容を検討することになります。

　このように、教育課程は学校で教育や学習活動を行う上で重要なキーワードであり、その基準である学習指導要領は各学校の教育課程を編成する上で内容をよく理解しておく必要があるといえます。

第2節　教育実践の基礎理論

　前節では、教育課程という用語を確認し、同時に日本では「教育課程の基準」として学習指導要領が定められていることを取り上げました。以下では、最初に日本の教育の全体像を示した上で、幼稚園から中学校まで、それぞれの教育の目的・目標、教育課程の内容、方法や計画と評価について学習指導要領の一部を紹介していきます。

1．日本の教育の全体像

　現在は2017・2018（平成29・30）年に改訂された学習指導要領に基づいた教育が行われていますが、その全体像を表したのが表9-3です。

　表9-3の「関係法令、基準等」を見ると、教育については日本国憲法をはじめとして教育基本法や学校教育法等において定められているとともに、各学校段階の学習指導要領が定められていることがわかります。また、各学校段階における育ってほしい姿・目標や領域・教科等が設定されており、それらはすべての学校段階で育む「生きる力」と、3つの柱（「知識及び技能」「思考力、判断力、表現力等」「学びに向かう力、人間性等」）を軸として展開されていることがわかります。つまり、幼稚園で学んだことは小学校に繋がり、小学校で学んだことは中学校に繋がるように整理されているのです。

115

第Ⅱ部　現代の教育原理

表9-3　幼稚園から高校までの教育の全体像

関連法令、基準等	日本国憲法　第26条	
	教育基本法	
	学校教育法、学校教育法施行令、学校教育法施行規則等	
	幼稚園教育要領	小学校学習指導要領
目的	幼稚園の目的（学校教育法22条） 幼稚園は、義務教育及びその後の教育の基礎を培うものとして、幼児を保育し、幼児の健やかな成長のために適当な環境を与えて、その心身の発達を助長することを目的とする。	義務教育の目的（教育基本法5条2項） 義務教育として行われる普通教育は、各個人の有する能力を伸ばしつつ社会において自立的に生きる基礎を培い、また、国家及び社会の形成者として必要とされる基本的な資質を養うことを目的として行われるものとする。 小学校の目的（学校教育法29条） 小学校は、心身の発達に応じて、義務教育として行われる普通教育のうち基礎的なものを施すことを目的とする。
育ってほしい姿・目標	幼稚園教育の目標（学校教育法23条） 幼児期の終わりまでに育ってほしい姿（幼稚園教育要領） ・健康な心と体 ・自立心 ・協同性 ・道徳性・規範意識の芽生え ・社会生活との関わり ・思考力の芽生え ・自然との関わり・生命尊重 ・数量や図形、標識や文字などへの関心・感覚 ・言葉による伝え合い ・豊かな感性と表現	義務教育の目標（学校教育法21条） 小学校の目標（学校教育法30条1項） 小学校における教育は、前条に規定する目的を実現するために必要な程度において第21条各号に掲げる目標を達成するよう行われるものとする。
キーワード	生きる力の基礎	生きる力
3つの柱	知識及び技能の基礎 思考力、判断力、表現力等の基礎 学びに向かう力、人間性等	知識及び技能 思考力、判断力、表現力等 学びに向かう力、人間性等
領域・教科等	健康・人間関係・環境・言葉・表現	国語、社会、算数、理科、生活、音楽、図画工作、家庭、体育、外国語、特別の教科　道徳、外国語活動、総合的な学習の時間、特別活動

出典）平成29年版幼稚園教育要領及び小学校学習指導要領、中学校学習指導要領、平成30年版高等学校学習指導要領を基に作成

表9−3（つづき）

関連法令、基準等	日本国憲法　第26条	
	教育基本法	
	学校教育法、学校教育法施行令、学校教育法施行規則等	
	中学校学習指導要領	高等学校学習指導要領
目的	義務教育の目的（教育基本法5条2項） ※小学校と同様 中学校の目的（学校教育法45条） 中学校は、小学校における教育の基礎の上に、心身の発達に応じて、義務教育として行われる普通教育を施すことを目的とする。	高等学校の目的（学校教育法50条） 高等学校は、中学校における教育の基礎の上に、心身の発達及び進路に応じて、高度な普通教育及び専門教育を施すことを目的とする。
育ってほしい姿・目標	義務教育の目標（学校教育法21条） ※小学校と同様 中学校の目標（学校教育法46条） 中学校における教育は、前条に規定する目的を実現するため、第21条各号に掲げる目標を達成するよう行われるものとする。	高等学校の目標（学校教育法51条） 1　義務教育として行われる普通教育の成果を更に発展拡充させて、豊かな人間性、創造性及び健やかな身体を養い、国家及び社会の形成者として必要な資質を養うこと。 2　社会において果たさなければならない使命の自覚に基づき、個性に応じて将来の進路を決定させ、一般的な教養を高め、専門的な知識、技術及び技能を習得させること。 3　個性の確立に努めるとともに、社会について、広く深い理解と健全な批判力を養い、社会の発展に寄与する態度を養うこと。
キーワード	生きる力	生きる力
3つの柱	知識及び技能 思考力、判断力、表現力等 学びに向かう力、人間性等	知識及び技能 思考力、判断力、表現力等 学びに向かう力、人間性等
領域・教科等	国語、社会、数学、理科、音楽、美術、保健体育、技術・家庭、外国語、特別の教科　道徳、総合的な学習の時間、特別活動	各学科に共通する各教科等 国語、地理歴史、公民、数学、理科、保健体育、芸術、外国語、家庭、情報、理数、総合的な探究の時間、特別活動 主として専門学科において開設される各教科

２．幼稚園教育の概要

(1)　幼稚園の目的・目標

　幼稚園の目的について、表9−3にあるように学校教育法22条では「幼児を保育し、幼児の健やかな成長のために適当な環境を与えて、その心身の発達を助長すること」とされています。また、同法23条では前条の目的を実現するために5つの目標を定めており、この目標は「幼児期の終わりまでに育ってほしい姿」として示され

第Ⅱ部　現代の教育原理

ている10の姿に繋がっています。5つの目標、10の姿は幼稚園
教育要領に示される5領域（健康、人間関係、環境、言葉、表現）
を通じて育む取り組みが行われます。

⑵　幼稚園の教育課程の特徴

　幼稚園における教育は、「自発的な活動としての遊び」を中心に
位置づけている点に大きな特徴があります。小学校のように各教科
等がそれぞれ時間割の中に組み込まれ、子どもたちが教育内容を自
覚的に学習する形態とは異なり、子どもたちの遊びや経験そのもの
を重視することがわかります。そのため、教師の関わり方は「教え
る」よりも「環境を通して行う」ことが基本であり、「幼児の主体
的な活動が確保されるよう幼児一人一人の行動の理解と予想に基づ
き、計画的に環境を構成」することが求められます。室内であれば
玩具や文房具、園庭であれば遊具や砂場遊び用具の整備等、いかに
環境を整備するかによって、子どもたちは新しい物事に出会い、友
達と共有したり、探究したりする活動や学びに繋がっていきます。

　また、幼稚園教育要領では教育課程を編成する上で、以下の3点
を基本とすることとされています。それは、①「教育期間や幼児の
生活経験や発達の過程などを考慮して具体的なねらいと内容を組織
する」こと、②「毎学年の教育課程に係る教育週数は、特別の事情
のある場合を除き、39週を下ってはならない」こと、③「幼稚園
の1日の教育課程に係る教育時間は、4時間を標準とする」ことで
す。これらを踏まえて、幼稚園の一年間、学期、月、週、日等の教
育課程を編成することになります。

⑶　幼稚園の計画と評価

　幼稚園においては、長期的に発達を見通した指導計画（年、学期、
月等）と、具体的な幼児の生活に即した指導計画（週、日等）を作
成し、適切な指導が行われるようにする必要があります。また、特
に週、日等の短期の指導計画については「幼児の意識や興味の連続

性のある活動」が幼稚園生活での流れの中に自然に組み込まれることが重視されています。

　また、実施した教育や活動については評価を行い、改善を図る必要があります。評価について、幼稚園教育要領では「指導の過程を振り返りながら幼児の理解を進め」ることや「一人一人のよさや可能性を把握」することで「指導の改善に生かす」ことが求められています。ただし、「他の幼児との比較や一定の基準に対する達成度」を見るような評価に陥らないことや「次年度又は小学校等にその内容が適切に引き継がれるようにすること」が留意点とされています。

　このように留意事項等に注意しながら就学前の活動に取り組み、義務教育である小学校への円滑な移行を促すことが幼稚園には求められています。同様に、近年では保育所や認定こども園においても小学校への円滑な移行ができるように、保育所等と近隣の小学校が連携する実践も見られます。

３．義務教育及び小学校教育の概要

(1) 義務教育の目的・目標

　日本では小学校と中学校の９年間が義務教育です。したがって、小学校の目的・目標を学ぶ前に、義務教育の目的・目標を把握する必要があります。表９－３にあるように教育基本法５条２項では、義務教育の目的について、「各個人の有する能力を伸ばしつつ社会において自立的に生きる基礎を培」うことや「国家及び社会の形成者として必要とされる基本的な資質を養うこと」が示されています。また、この目的を実現するために、学校教育法21条では表９－４のように10の目標を定めています。

(2) 小学校の目的・目標

　義務教育期間のうち、小学校は前期課程です。そのため、義務教育の目的・目標を踏まえ、学校教育法29条において「義務教育と

第Ⅱ部　現代の教育原理

して行われる普通教育のうち基礎的なものを施すこと」が目的であり、同法30条において「必要な程度において第21条各号に掲げる目標を達成する」こととされています。これらを各教科等や教育課程内外での活動を通じて育むことが求められています。

表9‐4　義務教育の目標

1　学校内外における社会的活動を促進し、自主、自律及び協同の精神、規範意識、公正な判断力並びに公共の精神に基づき主体的に社会の形成に参画し、その発展に寄与する態度を養うこと。
2　学校内外における自然体験活動を促進し、生命及び自然を尊重する精神並びに環境の保全に寄与する態度を養うこと。
3　我が国と郷土の現状と歴史について、正しい理解に導き、伝統と文化を尊重し、それらをはぐくんできた我が国と郷土を愛する態度を養うとともに、進んで外国の文化の理解を通じて、他国を尊重し、国際社会の平和と発展に寄与する態度を養うこと。
4　家族と家庭の役割、生活に必要な衣、食、住、情報、産業その他の事項について基礎的な理解と技能を養うこと。
5　読書に親しませ、生活に必要な国語を正しく理解し、使用する基礎的な能力を養うこと。
6　生活に必要な数量的な関係を正しく理解し、処理する基礎的な能力を養うこと。
7　生活にかかわる自然現象について、観察及び実験を通じて、科学的に理解し、処理する基礎的な能力を養うこと。
8　健康、安全で幸福な生活のために必要な習慣を養うとともに、運動を通じて体力を養い、心身の調和的発達を図ること。
9　生活を明るく豊かにする音楽、美術、文芸その他の芸術について基礎的な理解と技能を養うこと。
10　職業についての基礎的な知識と技能、勤労を重んずる態度及び個性に応じて将来の進路を選択する能力を養うこと。

出典）学校教育法21条より一部抜粋

⑶　小学校の教育課程の特徴

　小学校における教育の特徴は、義務教育の目標を踏まえて各教科や領域が設けられており、それらの「内容に関する事項は、特に示す場合を除き、いずれの学校においても取り扱わなければならない」とされているように、幼稚園教育よりも取り扱うべき教科や内容が具体的に示されていることです。表9－3にあった教科・領域等は学校教育法施行規則50条に示されており、同施行規則51条には「別表第一に定める授業時数を標準とする」ことが示されています。この他「一単位時間は、45分とする」こと（別表第一）や、「各教科等の授業は、年間35週…以上にわたって行うよう計画」すること（小学校学習指導要領）が示されています。これらの「教育課程の基準」や学校の実情等を鑑みて、各学校では時間割や年間指導計画等を組むことになります。

⑷　小学校の計画と評価

　幼稚園と同様、年間指導計画や時間割といった計画を作成しますが、小学校の場合にはさらに、学習指導要領において「単元や題材など内容や時間のまとまりを見通」した単元計画の作成も必要とされています。加えて、「各教科等及び各学年相互間の関連を図」ることや、「合科的・関連的な指導を進めること」が示されており、各教科等を分立した形で教育を行うのではなく教科間等を関連させていくことが必要であるといえます。

　また、積極的に評価を行うことによって「学習したことの意義や価値を実感できるようにすること」が示されています。これには評価が子どもの意欲を削ぐものにならないように配慮することや、評価によってやりがいや肯定的な振り返りができるような働きかけが必要であるといえます。

第Ⅱ部　現代の教育原理

４．中学校教育の概要

　義務教育の後期課程にあたる中学校は、その目的や目標も小学校と同様ですが、教科の内容はより専門的になり学級担任ではなく各教科担当者が授業を行います。また、生徒の特性等に応じた多様な学習活動を行えるように選択教科を開設できることも小学校との差異としてあげられるでしょう。このほか、「一単位時間は、50分」であり（別表第二）、小学校よりも１コマの授業が長くなっています。

　小学校と同様の点では、学校教育法施行規則72条に取り扱う教科・領域等が示されており、同施行規則73条には「別表第二に定める授業時数を標準とする」こと、中学校学習指導要領には「各教科等の授業は、年間35週以上にわたって行うよう計画」することも示されています。

　小学校と同様に年間指導計画や時間割、単元計画の作成が必要とされているほか、評価も「学習したことの意義や価値を実感できるようにすること」が示されています。

おわりに

　ここまで、教育課程や学習指導要領について確認してきました。本章では触れられませんでしたが、2017・2018（平成29・30）年改訂の学習指導要領では、「カリキュラム・マネジメント」や「社会に開かれた教育課程」、「主体的・対話的で深い学び」等が示されています。これらは教育課程を編成する上で重要なキーワードであり、調べてみると良いでしょう。

〈註〉
＊１　「教育課程」には、原語として「カリキュラム（Curriculum）」という
　　言葉もあります。この二つの言葉は、前者を公式の用語として、後者を研

究的な用語として使い分けられることがありますが（たとえば、田中耕治・水原克敏・三石初雄・西岡加名恵「序章　今なぜ「教育課程」なのか」『新しい時代の教育課程　第5版』有斐閣、2023年、1-2頁）、本章では基本的に「教育課程」という公式の用語を用いることとします。

＊2　たとえば、学校教育法施行規則52条では次のように定められています。「小学校の教育課程については、この節に定めるもののほか、教育課程の基準として文部科学大臣が別に公示する小学校学習指導要領によるものとする」。

〈参考文献〉
・田中耕治・水原克敏・三石初雄・西岡加名恵『新しい時代の教育課程　第5版』有斐閣（2023年）
・樋口直宏・林尚示・牛尾直行編著『実践に活かす　教育課程論・教育の方法と技術論』学事出版（2020年）
・田村知子『カリキュラムマネジメントの理論と実践』日本標準（2022年）

Question

Q1　幼稚園から高校までの学校段階の中で興味のある学校を一つ選んで下さい。その学校に通っていた時にどんな教科等を学んでいましたか？（たとえば、地域によっては独自教科を設置している所もあります）

Q2　**表9-3**の「幼児期の終わりまでに育ってほしい姿」、もしくは**表9-4**の義務教育の10の目標の中から一つキーワードを取り出して下さい。その目標を達成するためにはどんな授業や活動をすると良いと思いますか？アイディアを出してみましょう。

第Ⅱ部　現代の教育原理

学習指導要領の変遷

　学習指導要領は1947（昭和22）年に初めて試案として刊行されて以来、概ね10年に一度改訂されてきました。第9章の表9－3においても紹介した通り、最新の学習指導要領では、「生きる力」が幼稚園から高校までの教育の軸となっています。しかし、最初からこのように整備されていたのではなく、改訂を経るごとに学校段階間で生じる分断を解消し、円滑な移行・接続が可能になるように修正されてきました。

　一方で、学習指導要領の在り方について問題視する意見もあります。これまでの変遷においても明らかなように、次の学習指導要領がどのように改訂されるのかによって学校現場は振り回されることになるからです。学習指導要領は刊行当初こそ、子どもたちの経験が重視されていましたが、その後基礎学力重視への揺り戻しが生じています。同じように、1998・1999（平成10・11）年改訂の学習指導要領に対する「ゆとり教育批判」に起因する揺り戻しも生じており、最新の学習指導要領はいまやカリキュラム・オーバーロードであるとさえ言われるほど、知識も経験も盛り込まれています。今の子どもたちにとって、どのような学習指導要領が良いと思うか、皆さんも考えてみて下さい。

表　学習指導要領の変遷

1947（昭和22）年	「試案」としての学習指導要領
1951（昭和26）年　改訂	引き続き「試案」、自由研究の廃止、経験領域・教科構成の整理
1958・1960（昭和33・35）年改訂	教育課程の基準としての性格の明確化
1968・1969・1970（昭和43・44・45）年改訂	教育内容の現代化
1977・1978（昭和52・53）年改訂	ゆとりある充実した学校生活の実現
1989（平成元）年改訂	新学力観、自己教育力
1998・1999（平成10・11）年改訂	生きる力、総合的な学習の時間の新設
2003（平成15）年一部改正	学習指導要領の基準性
2008・2009（平成20・21）年改訂	生きる力、授業時数増
2015（平成27）年一部改正	道徳の「特別の教科」化
2017・2018（平成29・30）年改訂	生きる力、カリキュラム・マネジメント、社会に開かれた教育課程、主体的・対話的で深い学び

出典）各年の学習指導要領より筆者作成

第Ⅲ部　現代の教育課題

第10章 教育の三主体の連携と対立
―"国親"思想と価値選択―

坂田　仰

はじめに

　学校（教員）、家庭（保護者）、地域社会（地域住民）を指して、教育の三主体と呼ぶことがあります。現代社会においては、子どもを真ん中に置き、この三つの教育主体が連携、協力して、子どもにとって最善の教育を確保することが期待されています。教育基本法は、この点を指して、「学校、家庭及び地域住民その他の関係者は、教育におけるそれぞれの役割と責任を自覚するとともに、相互の連携及び協力に努めるものとする」と規定し、学校、家庭および地域住民等の相互の連携、協力を求めています（13条）。

　では、学校、家庭、地域社会の連携、協力は、歴史的に見て教育における公理といえるのでしょうか。また、これら三つの教育主体の間に対立や矛盾が生じることはないのでしょうか。本章では、この疑問の下、現代日本において急速に進む価値観の多様化とその調整という視点に立ち、アメリカ合衆国における対立を参考にしつつ義務教育を中心に学校、家庭、地域社会の関係を再検討します。そして、最後に、現在、三つの教育主体の連携、協力の手段として推奨されているコミュニティ・スクールについて批判的に触れることにしたいと思います。

125

第Ⅲ部　現代の教育課題

第1節　家庭による教育と"国親"による教育

　歴史的に見て、学校、家庭、地域社会の関係はどうだったのでしょうか。まず、"国親"思想という観点からこの点を概観しておくことにします。

　教育という営みは、いつの時代、どの地域においても家庭教育から始まります。現代社会においては、子どもは誕生とともに家庭において教育を受け、その後一定の年齢に達すると法の定めに従って小中学校等の義務教育諸学校に通うというのが一般的なパターンになっています。

　これに対して家庭教育は、国家や学校という仕組みが確立する遙か以前、それこそ人類の誕生とともに始まったと言っても過言ではありません。西洋近代においては、子どもの教育の担い手は親、特に父親であり、長らくの間、国家の存在を前提とした公教育ではなく、私教育に止まっていました。学校教育を中心とする公教育に対する家庭教育、私教育の先行性と言ってよいでしょう。

　イギリスの法学者ブラックストーン（William Blackstone）らによる親権思想はその代表的な考え方です。ブラックストーンらは、イギリスにおいては、コモン・ロー（common law）*1の下、親は、子どもに対して、扶養と保護の義務を負い、また道徳上の義務として教育の義務を負っていると説いています。

　しかし、産業社会化の波が勢いを増すに連れて、親の教育力は低下していきました。反対に、それを補完する存在として国家の役割が増していきます。親による十分な保護、教育を受けることができない子どもに対し、国家が代わって責任を持つという考え方、国親（parens patriae）思想が台頭していったのです。その一つとして、子どもの教育、特に義務教育を中心に国家による教育制度、公教育の整備が進んでいくことになります。

第10章　学校と法：教育の三主体の連携と対立

　たとえば、イギリスの植民地であり、コモン・ローの影響が強かったアメリカ合衆国では、独立前の1647年、マサチューセッツ州が法律で義務教育について規定した最初の州でした。その後、義務教育法制は、他の州においても徐々に整備されていきます。そして、1918年のミシシッピ州をもって全州で義務教育が制度化されることになります。義務教育法制を巡って、270年以上にわたって親の教育権限を重視するコモン・ローと国親の調整が続いたと見ることができます。

　この点、日本では、明治維新以来の富国強兵政策ともあいまって、教育における国親の台頭が急速に進んでいきました。強制力は弱かったとされるものの、1872（明治5）年の学制において、下等小学校4年、上等小学校4年の計8年を年限とする義務教育制度が導入されています。この規定は、1879（明治12）年の教育令、1880（明治13）年の改正教育令、そして、義務教育という名称がはじめて登場する1886（明治19）年の小学校令へと受け継がれていくことになりました。

　その後、小学校令は幾度かの改正を経て、1941（昭和16）年、戦時色の濃い国民学校令へと集約されることになりました。国民学校令では、第2次小学校令以来存続してきた、学校に通学しなくとも家庭学習により就学義務が果たされるとの規定が廃止されています。こと初等教育に関する限り、国親による教育が家庭（親）の教育に完全に取って代わることを目指したと見ることができそうです。

　ただ、戦前の義務教育法制を巡っては「法」という概念に注意を払う必要があります。日本国憲法は、「すべて国民は、<u>法律の定めるところにより</u>、その能力に応じて、ひとしく教育を受ける権利を有する」（26条1項）、「すべて国民は、<u>法律の定めるところにより</u>、その保護する子女に普通教育を受けさせる義務を負ふ」（26条2項）と規定し、教育に関わる事項を国会が制定する法律に基づくべ

第Ⅲ部　現代の教育課題

きことを宣言しています（下線部筆者）。教育の法律主義です。国親の考え方に基づき実施される教育について、主権者である国民の代表者で構成される国会での論議に委ねることを明確にした規定と考えてよいでしょう。

　これに対し、戦前の教育法制は、帝国議会が制定する法律ではなく、天皇が定める勅令という法形式が中心を占めていました（教育の勅令主義）。その代表が神話から始まる「教育勅語」であったことは言うまでもありません。戦前の義務教育は、天皇の家臣である臣民の務めであり、当然の義務と考える極めて国家主義的な仕組みだったといえます。

第2節　教育の三主体：学校、家庭、地域社会

１．三主体の対立可能性

　日本国憲法の下における教育は、教育の法律主義が採られています。では、教育の三主体の関係についてどのように捉えているのでしょうか。

　家庭教育、社会教育、そして国親による義務教育の区別を問わず、個人の権利を中心とし、社会の維持を副次的に捉えるというのが基本的なスタンスになっています。「子どもの教育は、子どもが将来一人前の大人となり、共同社会の一員としてその中で生活し、自己の人格を完成、実現していく基礎となる能力を身につけるために必要不可欠な営みであり、それはまた、共同社会の存続と発展のためにも欠くことのできないもの」とする考え方です（最高裁判所大法廷判決昭和51年5月21日）。天皇制国家への忠誠を大前提としていた大日本帝国憲法下の教育からの大きな転換といえるでしょう。

　しかし、この転換は、子どもの教育の世界に新たな対立を生み出すことになりました。

　誰が「教育内容を決定するのか」という、教育内容の決定権を巡

128

第10章　学校と法：教育の三主体の連携と対立

る対立です。この対立については、「第6章　国家と教育」で詳しく扱います。本章では、日本社会の価値観が多様化する中で、学校、家庭、地域社会という教育の三つの主体の対立が顕在化している点に焦点化し考えてみたいと思います。

　先に述べたとおり、教育基本法は、「学校、家庭及び地域住民その他の関係者は、教育におけるそれぞれの役割と責任を自覚するとともに、相互の連携及び協力に努めるものとする」と規定し、「学校、家庭及び地域住民等の相互の連携協力」を求めています（13条）。この「学校、家庭及び地域住民等の相互の連携協力」を2022（令和4）年に制定されたこども基本法の理念から捉えると、「子どもの最善の利益」が確保できるよう、学校、家庭、地域社会が協力して子どもにとってベストな教育を行っていこうという意味になります。

　しかし、ここで言う「子どもにとってベストな教育」とは一体何を意味するのでしょうか。

　「子どもにとってベストな教育」は、それを判断する人によって内容が大きく異なります。学校、教員は、知徳体のバランスがとれた教育をベストと考えています。しかし、都市部を中心に受験を念頭においてとにかく学力を伸ばしてほしいと希望する保護者が少なくないことは周知の事実でしょう。

　また、国旗・国歌を巡る対立も、第二次世界大戦後、学校現場で長く続いてきた問題です。いわゆる日の丸・君が代論争です。第二次世界大戦前の歴史に着目して日の丸・君が代を侵略の象徴として忌避する人々がいます。その一方で、戦後の国際貢献、平和の象徴として学校現場で日の丸・君が代を重視すべきという保護者、地域住民も存在します。学校、家庭、地域社会が協力して「子どもにとってベストな教育」を行っていくと言っても、価値観の多様化が進行する現在、それが簡単ではないことが理解できます。

第Ⅲ部　現代の教育課題

２．宗教的価値を巡る対立

　何が子どもにとってベストな教育かを巡る対立が激しくなりがちな領域として、"宗教的価値"に起因する対立があります。保護者の信仰する宗教の教義に基づき特定のカリキュラムの履修を拒否することはその典型といえます。

　中学校や高等学校の現場では、保護者や場合によっては子ども本人から、柔道や剣道等、体育の授業で行われる武道の履修を拒否したいという申し出を受けることがあります（コラム参照）。国親思想に基づく学習指導要領の記述、それを体現する学校と、家庭（保護者）、あるいは子どもの宗教的価値が衝突する場面です。

　この対立は、何も日本に限ったことではありません。アメリカ合衆国では、予防接種にはじまり、カリキュラムにおける進化論や聖書の取り扱い、果ては義務教育から離脱する権利に至るまで、多くの対立が訴訟の場で争われてきました。

　予防接種に関わっては、公立学校等の教育施設に在籍する者に対して接種を義務付けたテキサス州サン・アントニオ市の条例が問題になった例があります（Zucht v. King, 260 U. S. 174 (1922)）。アメリカ合衆国最高裁判所は、公衆の健康と安全を維持することについて州政府に対し広範な裁量を認めました。その上で、教育施設に在籍する者に対してのみ一定の予防接種を義務付けることは、与えられた権限の濫用ではないし、合衆国憲法修正第14条が保障する平等権を侵害するものでもないとしています。判決は、宗教的価値に基づく保護者の選択よりも、学校現場における予防接種が有する社会集団防衛的性質を重視する姿勢を打ち出したといえそうです。

　カリキュラムを巡る対立については、第二次世界大戦前にまで遡る進化論の扱いが注目されます。州立法府や州教育委員会においてキリスト教原理主義が勢力を有していたオクラホマ州やテネシー州等、全米で20を超える州において、進化論を教えることを禁止す

130

第 10 章　学校と法：教育の三主体の連携と対立

る法、いわゆるモンキー法[*2]の制定が進められました。その渦中、一人の教員が、テネシー州のモンキー法に対して戦いを挑みました。モンキー法にわざと抵触することによって懲戒処分を受け、その処分を不服として法廷闘争を展開したのです。州憲法、連邦憲法に反するという判決が下されることを恐れた各州は、結局、モンキー法を凍結、廃案にするという道を選びます。その結果、進化論を巡る最初の対立は終息することになります[*3]。

　しかし、1960年代半ば、アーカンソー州において再び学校における進化論の扱いが注目を集めることになりました。アメリカ合衆国最高裁判所は、モンキー法がアメリカ合衆国憲法が規定する政教分離原則に違反するという判決を下し、この論争に決着をつけることになります（Epperson v. Arkansas, 393 U. S. 97 (1968)）。キリスト教の影響を受けた地域住民の意思とこれを体現したモンキー法に対し、国親としてのアメリカ合衆国の考え方、政教分離の優越を認めたものと評価することができます。

　では、義務教育からの離脱はどうでしょうか。この点に関しては、キリスト教の一派であるアーミッシュ[*4]に属する保護者が、子どもが16歳になるまで就学することを義務付けていたウィスコンシン州の義務教育法に反し、法律上容認されている学校に就学させることを拒絶した事件があります（Wisconsin v. Yoder, 406 U. S. 205 (1972)）[*5]。

　上訴を受理したアメリカ合衆国最高裁判所は、州政府が州民の教育に対して高度の義務を負っていることを認めました。これを根拠として、州政府が合理的な範囲で義務教育等の基礎的な教育に関して規制を行う権限を導き出しています。しかし、この権限は無制約というわけではなく、信教の自由や自己の信仰に基づいて子どもを育てる自由といった権利との関係で一定の制約を受けることを認めました。そして、州政府がこの権限を行使して就学を強制する場合、

第Ⅲ部　現代の教育課題

それによって信教の自由が否定されるわけではないこと、あるいは
それに優越する利益の存在が明らかでなければならないとしていま
す。

　その上で、判決は、アーミッシュの信仰と生活およびそれらに対
する真摯さを考慮し、子どもに残りの期間の就学を免除したとして
も、肉体的にも精神的にも健康を害するということはないし、将来
的にアメリカ合衆国市民としての義務を果たす上で支障を来すこと
もなく、また、公共の福祉を害する恐れもないと結論付けました。
アメリカ合衆国最高裁判所は、国親、ここでは州政府による義務教
育の範囲に制限を付し、それを超える部分については原則に立ち返
り、コモン・ローに基づく親の教育権限を優先しようとする姿勢を
打ち出したものと考えることが可能です。

第3節　コミュニティ・スクール

　これまで見てきたように、教育の三主体の間には微妙な緊張関係
が存在しています。その中にあって、日本社会において、現在、学
校、家庭、地域社会の連携の切り札的存在として注目を集めている
のがコミュニティ・スクールです。

　コミュニティ・スクール構想のきっかけとなったのは、教育改革
国民会議でした。2000（平成12）年12月の最終報告、「教育を
変える17の提案」において、学校改善のための「新しいタイプの
学校」像として、「地域独自のニーズに基づいて市町村が設置し、
地域が運営に参画する公立学校」の導入を促しました。それゆえ、
コミュニティ・スクールは、当初から学校、家庭、地域社会の連携
を図るために制度設計が図られたと言ってよいでしょう。

　教育改革国民会議の構想は、「21世紀教育新生プラン」、総合規
制改革会議第一次答申等を経て、最終的に中央教育審議会によって、
「今後の学校の管理運営の在り方について（答申）」（平成16年）

第10章　学校と法：教育の三主体の連携と対立

の中に位置づけられました。答申は、「学校は地域社会を基盤として存在するものであり、充実した学校教育の実現には、学校・家庭・地域社会の連携・協力が不可欠である」としています。その上で、「学校と地域社会との連携・協力を更に一段階進め、地域の力を学校運営そのものに生かすという発想」の有用性を説き、「学校運営協議会」を核とする新たな学校（地域運営学校）を提言しました。

　コミュニティ・スクールは、2004（平成16）年、地方教育行政の組織及び運営に関する法律（以下、地教行法）の改正によって制度化されることになります。その趣旨は、地域の実情に応じた「特色ある学校づくり」を推進するために、①地域の力を学校運営に導入することを通じて学校運営の活性化を図る、②地域住民や保護者の参画により校長の学校経営を支援する、③外部講師やボランティアの依頼等、地域の協力を得やすい環境を構築する、④家庭に対する要望等を通じて、学校と家庭の適切な役割分担を実現することにあるとされています。

　その後、中央教育審議会答申「新しい時代の教育や地方創生の実現に向けた学校と地域の連携・協働の在り方と今後の推進方策について」（平成27年）を踏まえ、学校運営協議会の設置の促進が図られています。「教育委員会は、教育委員会規則で定めるところにより、その所管に属する学校ごとに、当該学校の運営及び当該運営への必要な支援に関して協議する機関として、学校運営協議会を置くように努めなければならない」とする地教行法47条の5第1項の規定がこれに当たります。

　コミュニティ・スクールの校長は、学校の運営に関して、教育課程の編成その他教育委員会規則で定める事項について基本的な方針を作成し、その承認を得る必要があります（47条の5第4項）。

　これに対し学校運営協議会は、この基本的な方針に基づく学校の

133

第Ⅲ部　現代の教育課題

運営および運営への必要な支援に関し、学校の所在する地域の住民、対象学校に在籍する生徒、児童または幼児の保護者その他の関係者の理解を深めるとともに、学校とこれらの者との連携および協力の推進に資するため、学校の運営および当該運営への必要な支援に関する協議の結果に関する情報を積極的に提供するよう努めることが求められています（47条の5第5項）。また、学校運営協議会は、学校の運営に関する事項について、教育委員会または校長に対して、意見を述べること（47条の5第6項）等が認められています。

　ただ、コミュティ・スクールはまだ歴史が浅く、その成否は明らかとはいえません。学校、家庭、地域社会の連携、協力が進んだという声が存在する一方で、導入当初は人事等において地域住民や保護者から過度の介入を受けたと批判する声も上がっていました。学校、家庭、地域社会の連携、協力が教育基本法の理想、教育の公理であるとしても、その成立は困難であるという歴史に留意し、教育の三主体の対立、衝突の可能性を意識し運営に当たっていくことが求められているといえるでしょう。

〈註〉
＊1　イギリス（イングランド）の裁判所が慣習や先例を用いた裁判を通じて確立した法を指します。
＊2　サルと人間の祖先が同一である可能性を指摘する進化論を否定する法という意味で、一般に「モンキー法」と称されています。
＊3　早川武夫『アメリカ法の最前線』日本評論社（1989年）73頁参照。
＊4　アーミッシュは、ヨーロッパで起こったプロテスタント・キリスト教の一派です。アメリカでは、ペンシルベニア州東部に1700年代前半に植民したことに始まると言われています。1800年代半ば、伝統を重視しようとする「旧秩序派アーミッシュ（Old Order Amish）」とそうではないグループに分離しました。旧秩序派アーミッシュは、伝統的戒律を守りつつ社会的にも政治的にも孤立したコミュニティを形成し、近代的なアメリカ文明を拒否する生活を送っています。現在では、アーミッシュという言葉は、

旧秩序派アーミッシュを意味するのが一般的で、この家族も旧秩序派アーミッシュに属していました。

＊5　具体的には、9学年から12学年までの4年間の就学を拒否しました。

〈参考文献〉
・早川武夫『アメリカ法の最前線』日本評論社（1989年）
・坂田仰「学校という場所」油布佐和子編著『教育と社会（未来の教育を創る教職教養指針4）』学文社（2021年）17-31頁
・坂田仰編著『四訂版　学校と法─「権利」と「公共性」の衝突─』放送大学教育振興会（2024年）

Question

Q1　日本の教育法制において、教育の三主体（学校、家庭、地域社会）の連携、協力はどのように規定されていますか。また、そのための仕組みとしてどのような制度が整備されているか考えてみましょう。

Q2　教育の三主体（学校、家庭、地域社会）の対立可能性について、アメリカ合衆国の歴史を参考にまとめてみましょう。

第Ⅲ部　現代の教育課題

コラム

子どもの意思

　学校、家庭、地域社会が連携し、子どもの最善の利益のためにベストな教育を提供していくというのが、日本の教育法制の基本的な考え方です。しかし、学校、家庭、地域社会の判断が必ずしも子どもの意思と一致するとは限りません。学校、家庭、地域社会の連携を検討するに当たって見落としてはいけない視点といえます。

　学校と子どもの意思の衝突が訴訟にまで発展した例として、神戸市立高専剣道拒否事件があります（最高裁判所第二小法廷判決平成8年3月8日）。信仰を理由に剣道の実技の履修を拒否した生徒に対し、校長が、必修科目である体育の単位を取得できなかったことを理由に、二年連続で原級留置処分とし、またそれを前提に退学処分としました。これを不服とした生徒が退学処分の取消等を求めた訴訟です。剣道実技の履修が教育上不可欠と考える学校の判断と、自己の信仰する宗教の教義を優先しようとする生徒の意思が衝突した事例といえます。

　判決は、まず、生徒の履修拒否が、信仰の核心部分と密接に関連する真摯な理由から出たものとしました。その上で、生徒が他の種目の履修を拒否しておらず、他の科目では成績優秀であったこと等に触れた上で、退学処分等が、生徒に大きな不利益を及ぼし、これを避けるためにはその信仰上の教義に反する行動をとることを余儀なくされるとしています。そして、生徒がレポート提出等の代替措置を申し入れていたのに対し、代替措置が不可能というわけでもないのに学校側は何ら検討することもなく、申入れをすべて拒否しており、退学処分等は、社会観念上著しく妥当を欠き、校長が有する裁量の範囲を超えると結論付けました。

　こども基本法や児童の権利条約は、"子どもの意見表明権"を重視しています。学校、家庭、地域社会の連携が仮に教育における公理であったとしても、子どもの意思を確認するという手続を踏み、相応の考慮を払う必要があると考えるべきでしょう。

第Ⅲ部　現代の教育課題

第11章　市民性教育（シティズンシップ教育）

降旗　直子

はじめに

　本章では、近年新たな教育として注目されているシティズンシップ教育とはどのようなもので、なぜ注目され、要請されるようになったのかを理解しましょう。その上で、シティズンシップ教育の展開とその特徴から、シティズンシップ教育実践が抱える課題についても考えてみましょう。

第1節　シティズンシップとは何か

　シティズンシップとは、ある一つの政治体制を構成する構成員（メンバー）、あるいは構成員であること（メンバーシップ）を指す概念です。日本では、公民性（公民的資質）あるいは市民性（市民的資質）などと訳されることもあります。

　シティズンシップのシティズン、すなわち「市民」という概念は、古代ギリシャに起源をもちます。古代ギリシャの都市国家「ポリス」における市民とは、直接民主主義の政治に参加するポリスの構成員を指す概念でした。そこでは単なる都市の住民という意味に止まらず、「政治に参加する人」という意味が含まれていました。また本来の「市民」概念には、専門家に対する素人（アマチュア）という意味も含まれています。つまりこのことは、本来政治は政治家や官僚といった特定の人だけのものではなく、一般人である私たちが関与すべきものであることを意味します。

137

第III部　現代の教育課題

　さらにシティズンシップには、基本的三次元として、①地位（市民権）、②感覚（共同体への帰属感覚）、③実践（社会参加・政治参加）の次元があります[*1]。たとえば、日本では18歳になると選挙で投票できる地位・権利が与えられ、政治へ参加することができます。また、共同体としての社会に所属していることで、自分が暮らす社会について考え、社会をよりよくしていこうとか、社会に貢献していこうとして、他者との交流を通して社会へ参加することができます。逆に、ある社会の中で差別を受けていたり、排除されていたりするならば、その社会への帰属感を感じることは難しいといえるでしょう。

第2節　シティズンシップのこれまでとこれから

1．これまでのシティズンシップ

　17世紀から18世紀にかけて近代市民革命[*2]が起こると、「政治に参加する人」という市民の意味が「国民国家を構成する国民」へと拡大されていきました。その過程においてシティズンシップの概念は、古代ギリシャのポリスの構成員という意味から「国民国家を構成する国民の権利」へと転換していきました。

　こうしたシティズンシップの内実の変化に対し、社会学者のT.H.マーシャルは次のように定式化しました。つまりシティズンシップは、18世紀には個人の自由を中心とする市民的権利として捉えられていたのに対し、19世紀には参政権をはじめとする政治的権利をも意味するようになり、20世紀には生存権を含む社会権へと拡大・発展してきたといいます。

　すべての国民が生存権を含む社会権を保障されるような国家のことを福祉国家といいます。そしてこの福祉国家におけるシティズンシップには、二つの特徴があります。一つは、生まれながらにして与えられる権利という性格を持つ点です。この点については、日本

国憲法25条が「国民の健康で文化的な最低限度の生活を営む権利」を保障しています。もう一つは、国民国家における国家的アイデンティティと強く結びついている点です。たとえば、自分は「日本人である」とか、「フランス人である」といった国民性や国籍とシティズンシップが結びつけられてきました。

　こうした特徴によって、20世紀の福祉国家の発展段階までは、シティズンシップという概念は国民性とほとんど同義でした。つまりシティズンシップのシティズン、すなわち「市民」という概念は、「国民」という概念と同じように用いられてきたのです。したがってシティズンシップを育てる教育とは、国民形成の教育とほぼ同じものとして捉えられてきました。

2．これからのシティズンシップ

　上記のように国民概念によって特徴づけられてきたシティズンシップは、今日新たな概念へと転換しています。

　特に1990年代以降のグローバル化の進展に伴い、人やモノ、お金が国境を越えてそれまで以上に移動するようになりました。すると、国民国家の枠内に多文化状況、価値の多様化が生まれ、それまでのような単一で同質的な国民概念に基づくシティズンシップも変容が迫られるようになります。そして異なるアイデンティティをもつ異質な他者、自分とは異なる価値観をもつ他者といかに共存するかという、共生の原理としてシティズンシップの可能性が模索されるようになってきました。

　さらに1990年代後半から2000年代にかけて、金融・財政危機の影響で福祉国家の社会権保障機能が十分に果たされず、格差社会が顕在化していきました。こうした福祉国家の揺らぎの中で、従来の生まれながらにして付与されている権利とは異なる、新たなシティズンシップの捉え方が台頭してきました。それは、教育によって獲得されるべき資質としてシティズンシップを捉えようとするも

のです。こうして 1990 年代後半になると、各国でシティズンシップ教育という考え方が展開されていきました。

　たとえばイギリスでは、1998（平成 10）年に政治学者バーナード・クリックらが中心となってシティズンシップ教育に関する政策文書（通称「クリック・レポート」）を発表し、これに基づいて 2002（平成 14）年から中等教育段階でシティズンシップ教育が必修になりました。他にも、18 世紀末の革命以来、共和制の伝統の下で学校における「市民」の育成に取り組んできたフランスでも、1996（平成 8）年の公文書で初めてシティズンシップという文言が登場しました。この公文書「シティズンシップへの教育」（Éducation à la citoyenneté）では、児童・生徒が責任ある主体となり、批判精神の持ち主として自分の判断をすることができるようになることが重要であるとされました。

　こうしてシティズンシップの育成は、古くは近代国民国家の形成期から、新たには今日のグローバル化社会の展開に至るまで、その概念を変容させながら教育課題であり続けています。つまり、将来の民主社会を支える市民（国民）として身につけておかなければならない資質や能力をどのように養うかといった近代社会からの教育課題は、グローバル化社会の中でいかに異質な他者と共存するための技量を培うかといった今日の課題に引き継がれています。その意味で、シティズンシップの育成は古くて新しい教育課題であるといえます。

第 3 節　シティズンシップ教育の展開

1．今、なぜシティズンシップ教育が必要なのか

　今日、シティズンシップ教育が求められている背景として、民主主義の二つの危機ということが挙げられます。一つは、同質性の強要です。もう一つは、自律性の喪失です。これらについて以下で順

番に確認していきましょう。

　まず、民主主義とは「平等なものは平等に扱われるべき」という原理に立っています。したがって平等とは、個人の自由・権利が平等にあるというのが本来の意味です。しかし日本社会のように、平等が「みんな一緒」、あるいは「画一である」と解釈されてしまうと、同質性の強要や同調圧力が生じます。そうした同質性の強要は、個人の自由を脅かします。さらにその同質性は、異質なものを排除するかたちで成立します。こうした傾向は、多文化化・多民族化に対する嫌悪といったかたちであらわれるため、社会が分断してしまいます。

　たとえば、民主主義の下では一人一票を平等に持っているので「多数決」というのは民主的だと言われることがあります。しかし、何でも単純に多数決で決められてしまうなら、実際には民主主義はマジョリティによる支配（数の専制）となってしまいます。そして文化的・地域的・民族的マイノリティに対して対等・平等ではなくなってしまうので、民主的ではなくなるという矛盾を抱えることになります。同様に、個人の自由を脅かす同質性の強要もマジョリティによる支配を招きやすいため、民主主義の危機の一つの側面といえるわけです。

　次に、民主主義のもう一つの危機として挙げられる自律性の喪失とは、公私の分断により公的なものへの無関心が生じ、それが自分の暮らす社会のことは自分で判断・決定するという自己統治、すなわち自律性を切り崩してしまう、後退させてしまう傾向を意味します。こうした傾向は、時に個人が私的領域に関してだけ関心を持ち、そこに閉じこもって、公的領域から遠ざかる、撤退する態度を招いてしまいます。さらに公的領域からの撤退は、市民の中にアパシーとしてあらわれます。アパシーとは、政治的な事柄について無関心になったり、無力感が生じてシニカル（皮肉・冷笑的）な態度をと

第Ⅲ部　現代の教育課題

ったりすることです。こうして、私たちの生活や財産を守ってよりよく生きるためにあるはずの政治は、自分とは縁遠いところで行われているスポーツのように受け止められてしまいます。

　たとえばこのような自律性の喪失は、図11－1のように、投票率の低下としても表れてきます。特に2015（平成27）年に公職選挙法が改正され、選挙権年齢がそれまでの20歳以上から18歳以上へ引き下げられました。しかし図11－1を見ると、10代、20代の近年の投票率は40％にも満たず、低調であることがわかります。したがって今後は、若者の声を政治に反映させる仕組みと

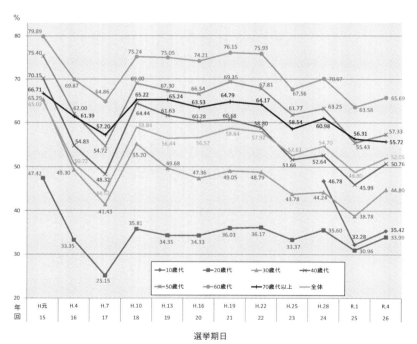

出典）総務省HP「国政選挙の年代別投票率の推移について」
　　　https://www.soumu.go.jp/senkyo/senkyo_s/news/sonota/nendaibetu/（最終アクセス日：2025年1月12日）より引用

図11－1　参議院議員通常選挙年代別投票率（抽出）の推移

142

して導入された選挙権年齢の引き下げを意味のあるものにしていく必要があります。

ここまで民主主義の二つの危機について見てきました。こうした状況を克服するために、今日シティズンシップ教育の可能性が模索されています。

2．1990年代以降のシティズンシップ教育の特徴

1990年代以降展開されていくシティズンシップ教育の特徴は、大きく分けて二つに整理されています。一つは、各国でシティズンシップ教育という考え方が展開されていく中で出てきた、共同体主義的なシティズンシップ教育です。もう一つは、政治に参加する主権者になるための教育を重視する政治的なシティズンシップ教育です。

まず一つ目の共同体主義的なシティズンシップ教育は、社会・共同体に参加する市民としての義務や責任を強調します。上記のように、20世紀の福祉国家の発展段階では、シティズンシップは生まれながらにして与えられる権利（市民権）という性格を強く有していました。そのため、シティズンシップ教育もそうした権利を行使するために必要な知識の教育が中心でした。これに対して1990年代以降の欧米では、社会・共同体への参加や貢献を果たすことに主眼をおいたシティズンシップ教育を強調する流れが台頭しています。

たとえばアメリカでは、1980年代以降、地域でのボランティア活動を学校教育に取り入れる動きが活発化し、1990年代以降は地域や社会の問題解決に取り組む活動と教室での学びを結びつけた「サービス・ラーニング」と呼ばれる学習方法が全米的に展開されるようになりました。

次に、二つ目の政治的なシティズンシップ教育では、グローバル社会や多文化的状況の進展に伴って、同質的ではない異質な他者と

143

第III部　現代の教育課題

共存する上で養うべき政治的判断力や政治的リテラシーが強調されます。

たとえば、上記のようにイギリスのシティズンシップ教育必修化を主導したバーナード・クリックは、自著の中で「社会的道徳的責任」や「共同体への参加」を強調する共同体主義的なシティズンシップ教育だけでは、ともすればボランティア活動一辺倒になりがちになり、国家や社会にとって都合のいい「単なる使い捨ての要員」を育てるだけになってしまうと警鐘を鳴らしています。そこで政治文化の変革を担う積極的な市民の育成こそシティズンシップ教育の中心に位置づけるべきであるとして、「政治的リテラシー」の育成を中心とする政治的なシティズンシップ教育の必要性を指摘しています。

このように、1990年代以降展開されていくシティズンシップ教育は、共同体主義的なシティズンシップ教育と政治的なシティズンシップ教育の二つの流れが相克や対立を内に含みながらも、組み合わさりながら展開しているのが特徴であるといえます。

３．日本におけるシティズンシップ教育の展開

日本でも2000年前後から一部の自治体・学校においてシティズンシップ教育実践が行われてきました。

⑴　初等教育段階におけるシティズンシップ教育実践

初等教育段階では、東京都品川区が2006（平成18）年度から区内全公立小中学校に「小中一貫教育」を導入する際、道徳・特別活動・総合的な学習の時間を統合した教科として「市民科」という区独自の教科を創設しました。品川区が作成した2018（平成30）年『品川区立学校教育要領』によれば、「教養豊かで品格ある人間形成を目指し、社会における規律・規範を重んじ、自己抑制力とそれを支える倫理観・道徳観をもち、自分自身について考え、常に自己変革を図っていく資質と能力を育てる」ことおよび、「社会

144

第 11 章　市民性教育（シティズンシップ教育）

の一員として自立し、社会に積極的に関わるために、自らの社会的役割を自覚して発信・行動し、社会の発展に貢献しようとする資質と能力を育てる」[*3] ことを市民科の目標としています。このように、東京都品川区の「市民科」実践は、社会的道徳的責任や市民意識の醸成に重点を置いている点が特徴です。

　他にもお茶の水女子大学附属小学校（以下、お茶小）では、「総合的な学習の時間」が小学校に新設された 2002（平成 14）年に、社会科を「市民」という学習分野に再編しました。その後お茶小は、2008（平成 20）年度から 2010（平成 22）年度にかけて文部科学省の研究開発学校に指定されたことをきっかけに、「小学校における『公共性』を育む『シティズンシップ教育』─友だちと自分の違いを排除せずに、理解し考える力を発揮する」という主題で研究を推進してきました。それと同時にお茶小では、シティズンシップ教育という観点から社会科以外の教科も「学習分野」として再編し、シティズンシップ教育を学校カリキュラムの中心に位置づける取り組みを行ってきました。お茶小のシティズンシップ教育では、「現代社会の複雑で多様な問題から目をそらさず、よく考え判断する子どもを育てる」ことが目指されており、教育内容として子ども手当、原発問題、日本の食糧自給などといった時事問題を取り上げます。

　このようにお茶小のシティズンシップ教育は、東京都品川区の「市民科」がどちらかといえば共同体主義的なシティズンシップ教育であるのに対し、「政治的リテラシー」の育成に重点化した政治的なシティズンシップ教育を展開している点が特徴です。

⑵　中等教育段階におけるシティズンシップ教育実践

　中等教育段階では、長野県立辰野高等学校が 1997（平成 9）年に教職員・生徒・保護者による「三者協議会」を設置したり、地域住民をも話し合いの場に組み込んだ「辰野高校フォーラム」を発足させたりして、生徒参加によるシティズンシップ教育（主権者教

第Ⅲ部　現代の教育課題

育）に取り組んできたことが注目されています。辰野高校では、全国に先駆けて制服やアルバイトをめぐる校則の改善や、生徒と教員の共同による授業改善、高校生の地域づくり参加など、協議会やフォーラムといった民主的な意思決定を通じた学校づくりを行ってきました。

　同様の教職員・生徒・保護者による「開かれた学校づくり」は、高知県奈半利町立奈半利中学校や東京都の私立大東学園高校などでも盛んに行われています。また神奈川県の全県立高等学校では、三年に一度実施される参議院議員選挙に合わせて2010（平成22）年から模擬投票を行い、高校生が高校生活の中で一度は選挙について考えたり、実際に投票行動を行ったりする機会が設けられています。

　これらの他に、平成30年版高等学校学習指導要領では、公民の必修科目に「公共」が新設され、教育基本法14条「政治教育」に規定される「良識ある公民として必要な政治的教養」の醸成が18歳選挙権の下でより一層期待されています。

〈註〉
＊1　オードリー・オスラー、ヒュー・スターキー著、清田夏代・関芽訳『シティズンシップと教育―変容する世界と市民性』勁草書房（2009年）10-19頁。
＊2　近代市民革命とは、絶対王制を打倒し、市民が中心となって議会制民主主義や共和制国家を樹立しようとした革命です。イギリス名誉革命（1688年）、アメリカ独立革命（1775年）、フランス革命（1789年）が代表的な市民革命です。
＊3　品川区教育委員会『品川区立学校教育要領』（2018年）235頁、https://www.city.shinagawa.tokyo.jp/ct/pdf/20181023111824_1.pdf（最終アクセス日：2024年11月13日）。

第 11 章　市民性教育（シティズンシップ教育）

〈参考文献〉
・荒井文昭・大津尚志・古田雄一・宮下与兵衛・柳澤良明『世界に学ぶ主権者教育の最前線―生徒参加が拓く民主主義の学び』学事出版（2023 年）
・バーナード・クリック著、関口正司監訳『シティズンシップ教育論―政治哲学と市民』法政大学出版局（2011 年）
・小玉重夫『シティズンシップの教育思想』白澤社（2003 年）
・Marshall, T. H., Citizenship and Social Class and Other Essays, Cambridge University Press, 1950.（T. H. マーシャル、トム・ボットモア　岩崎信彦・中村健吾訳『シティズンシップと社会的階級――近現代を総括するマニフェスト』法律文化社〈1993 年〉3-130 頁）

Q1　「市民」という概念は、これまでの政治思想や教育思想においてどのように捉えられてきたでしょうか？具体的な思想家にあたるなどして考えてみましょう。

Q2　シティズンシップ教育を行う際、教員はどのようなことに気をつける必要があると思いますか？教える児童・生徒の発達段階を考慮して考えてみましょう。

第Ⅲ部　現代の教育課題

日本のシティズンシップ教育実践の課題

　第11章の内容を踏まえ、ここでは日本においてシティズンシップ教育を実践する上で何が課題となっているのかについて深めていきましょう。シティズンシップ教育を行うには、特にカリキュラム上の課題があります。具体的には、時間の確保や教育内容などが挙げられます。

　たとえば第11章で取り上げた品川区では、「市民科」という区独自の教科を設けています。一方のお茶の水女子大学附属小学校（以下、お茶小）では、シティズンシップ教育という視点によって教科を学習分野へと再編し、シティズンシップ教育を学校カリキュラムの中心に位置づけています。ここには、シティズンシップ教育を教科として実施するか、視点として導入するかの違いがあります。教科として実施するには、教材や評価方法、研修体制など、さらに考えなくてはならないことがあります。一方、シティズンシップ教育を視点として導入するには、管理職を中心に学校全体で学校経営計画を共有し進めていく必要があります。

　教育内容に関しては、育成する資質・能力と共に何を扱うかを考えていく必要があります。たとえばお茶小では、「社会的価値判断力」と「意思決定力」をシティズンシップとして育成するために、時事問題を取り上げて児童に調べ学習や発表をさせています。このような論争的な政治課題を扱う際には、子どもたちの発達段階を考慮しながら教員の立ち位置についても考えなければいけません。なぜならば、政治的に未成熟な児童・生徒にとって影響力の大きい教員の考えは、インドクトリネーション、すなわち政治的信条の押し付けになりかねないからです。

　この点について第11章で取り上げたクリック・レポートでは、三つの異なるアプローチ（中立的な議長アプローチ・バランスのとれたアプローチ・自分の立場を明言するアプローチ）が示されています。これらのアプローチを考慮しながら、教員は自らの政治的信条を押し付けることなく、児童・生徒のシティズンシップを養っていく必要があります。

第Ⅲ部　現代の教育課題

第12章　子どもの育ちと教育・福祉

内山　絵美子

はじめに

　本章では、子どものウェルビーイングという観点から子どもの育ちをめぐる教育・福祉の動向を概観していきます。子どものウェルビーイングをめぐる様々な課題に対し、学校、家庭、地域、社会全体でどのようなことができるのか考えていきましょう。

第1節　子どものウェルビーイングをめぐる課題

　2023（令和5）年6月に閣議決定された第4期教育振興基本計画（以下、基本計画）は、2040年以降の社会を見据えた教育政策の総括的な基本方針として「持続可能な社会の創り手の育成」および「日本社会に根差したウェルビーイングの向上」を掲げました。ここでいう「ウェルビーイング」とは、「身体的・精神的・社会的に良い状態にあること」です。それは「短期的な幸福のみならず、生きがいや人生の意義など将来にわたる持続的な幸福を含む」ものであり、「個人のみならず、個人を取り巻く場や地域、社会が持続的に良い状態であることを含む」ものとされています。また、「日本社会に根差した」というのは、個人が獲得・達成する能力や状態（獲得的要素）がウェルビーイングに大きく影響するとする欧米の考え方に対して、日本においては利他性、協働性、社会貢献意識など、人とのつながり・関係性に基づく要素（協調的要素）が重要な意味を有していることを踏まえた表現です。基本計画は、日本社会

149

第Ⅲ部　現代の教育課題

に根差したウェルビーイングの要素として、「幸福感（現在と将来、自分と周りの他者）」、「学校や地域でのつながり」、「協働性」、「利他性」、「多様性への理解」、「サポートを受けられる環境」、「社会貢献意識」、「自己肯定感」、「自己実現（達成感、キャリア意識など）」、「心身の健康」、「安全・安心な環境」などを挙げ、これらを、教育を通じて向上させていくことが重要としました。そして「子供たち一人一人が幸福や生きがいを感じられる学びを保護者や地域の人々とともにつくっていくことで、学校に携わる人々のウェルビーイングが高まり、その広がりが一人一人の子供や地域を支え、更には世代を超えて循環していく」ことを目指しています。

　この「ウェルビーイング」は近年、国際的にも重要視されている概念で、経済協力開発機構（以下、OECD）の「ラーニング・コンパス2030（学びの羅針盤2030）」（2019年）においても、個人と社会のウェルビーイングが「私たちの望む未来（Future We Want）」であり、社会のウェルビーイングは共通の「目的地」であるとされました。今や「ウェルビーイング」は、教育だけでなく、社会政策全体の重要なゴールとなっています。

　しかし、国際的にみて日本における子どもの幸福度は高くないことが明らかになっています。ユニセフが2020年に発表した調査では、先進国38ヵ国中、日本の総合順位は20位で、身体的健康は1位でありながら、精神的幸福度は37位という結果でした[1]。

　国内の様々な調査からも、子どもが困難を抱えている状況がみえてきます。文部科学省が毎年行っている「児童生徒の問題行動・不登校等生徒指導上の諸課題に関する調査」において、2023（令和5）年度、小・中・高・特別支援学校におけるいじめの認知件数は73万2,568件、小・中学校における不登校児童生徒数は34万6,482人と、それぞれ過去最多を更新しました。また小・中・高等学校から報告のあった自殺した児童生徒数も397人と2020（令

150

和2年）年の最高値（415人）以降、高止まりの傾向です。

　家庭の状況をみても、こども家庭庁の公表した「児童相談所における児童虐待相談対応件数」（2024〈令和6〉年9月24日現在）では、2022（令和4）年度中に、全国232か所の児童相談所が児童虐待相談として対応した件数は21万4,843件で、こちらも過去最多を更新しています。また、厚生労働省が3年ごとに公表してきた子どもの相対的貧困率をみると、2021（令和3）年は11.5％で、2018（平成30）年の前回調査から2.5ポイント改善しましたが、子どもの9人に1人が貧困状態にあり、特にひとり親世帯は44.5％という高い割合となっています（厚生労働省「国民生活基礎調査」）。

　加えて「ヤングケアラー」と呼ばれる子どもたちの存在も明らかになってきました。厚生労働省が「本来大人が担うと想定されている家事や家族の世話などを日常的に行っていることにより、こども自身がやりたいことができないなど、こども自身の権利が守られていないと思われるこども」について行った調査では、中学2年生で1.8％（N＝5,558人）、全日制高校2年生で約2.3％（N＝7,407人）[2]の生徒が、自分に当てはまると回答しました（厚生労働省「ヤングケアラーの実態に関する調査研究」2020年度）。

　このように、少子化への対応が急がれる中、子どものウェルビーイングをめぐる課題が山積しています。子どもの現在のウェルビーイングと将来のウェルビーイングに向けて、家庭、園・学校、教師や保育者、地域、社会は何ができるでしょうか。

第2節　将来の福祉のための教育／教育の土台としての福祉

1．社会情緒的スキルと乳幼児期からの教育

　2000年代に入り、人々のウェルビーイングにとって、乳幼児期

第Ⅲ部　現代の教育課題

がとても重要な時期であることが、国際的にも注目されてきました。その背景に早期の教育的介入の経済的効果が実証的に明らかになってきたことがあります。たとえば、ノーベル経済学賞を受賞したアメリカの経済学者ジェームズ・J・ヘックマンは、経済的に恵まれない子どもたちを対象として教育的支援（「ペリー就学前計画」[3]）を受けた場合と、受けない場合とで、40歳になったときの効果を比較しました。支援を受けた場合、高校卒業率や持ち家率、平均所得が高く、また婚外子を持つ比率や生活保護受給率、逮捕者率が低くなるという結果を明らかにしました（ヘックマン2013＝2015：30-33頁）。すなわち、人々の将来の福祉にとって乳幼児期からの教育が重要であるというわけです。この研究において、特に「非認知能力（non-cognitive skills）」が重要であることが示されました。これは、言語的能力、論理数学的能力、空間知覚能力など知能検査によって測定されるような認知能力には表れない心理的側面を指します。

　OECDも、この非認知能力を、「社会情緒的スキル」と呼び、生涯にわたって社会経済的アウトカムに大きな影響力を持つとしました（OECD2015＝2018）。OECDは社会情緒的スキルを、「目標の達成」、「他者との協働」、「感情の管理」の三つの領域に整理しました（図12-1）[4]。認知的スキル（認知能力）が、高等教育への進学と修了など教育上の成果や所得と失業などの労働市場上の成果に対して影響を与えるのに対し、社会情緒的スキルは、特に、社会生活上のアウトカム（抑うつ、問題行動、いじめ加害／被害）、ウェルビーイング（生活満足度）、健康上の問題（肥満、生活習慣）に対して影響力をもつとしています（OECD2015）。

　また、これらの研究では、スキルがスキルをもたらすとして、獲得されたスキルが土台となり、後のスキルの更なる向上や他のスキルの新たな獲得につながること、そのため、非認知能力や社会情緒

第 12 章　子どもの育ちと教育・福祉

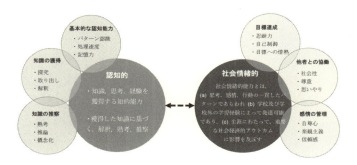

出典）OECD（2015 = 2018）、国立教育政策研究所（2023）より転載

図 12-1　OECD による認知的スキルと社会情緒的スキルの枠組み

的スキルの獲得には特に「幼児期」の過ごし方が大きく関係していることも指摘されています。OECD は、こうした研究の成果を参照しながら、「Start Strong」（人生のはじまりこそ力強く）をスローガンに幼児期の教育とケアに関して政策提言を行っています。OECD の報告や提言は参加する先進諸国の政策にインパクトを与えてきており、幼児教育・保育施策を一元化し福祉制度体系から教育制度体系に位置づける国も増えました。日本においても、2000年代以降、幼保一元化、幼児教育・保育の無償化など、幼児教育・保育施策の拡充が進みました。2023（令和 5）年には、「こどもの育ちに関わる質を保障する」とした「経済財政運営と改革の基本方針 2023」（閣議決定）に基づいて、「幼児期までのこどもの育ちに係る基本的なビジョン（はじめの 100 か月の育ちビジョン）」が策定されています。

2．教育の土台としての養護と家庭

　この「はじめの 100 か月の育ちビジョン」にも明記されているように、乳幼児期の成育環境は脳発達においても重要な時期であり、この時期に特に必要とされていることのひとつが、アタッチメント（愛着）の形成です。アタッチメント[*5]とは、子どもが、危機的状

153

第Ⅲ部　現代の教育課題

況や不安を感じる状況に置かれたとき、特定の対象との近接を求めるという形で自己の生存と安全を確保しようとする傾性を指します（遠藤 2007）。

　赤ちゃんは、自分にとって不快、不安な状況を泣くことで周囲に伝えます。それに、応答する（不快・不安を除去してくれる）特定の存在がいることで、心地よさや安心を取り戻す経験を繰り返し、この世界にいてよいのだという自分自身の存在への信頼を獲得していくとともに、他者への信頼感も高めていきます。こうして自己の自信と周囲への安心を得る中で、赤ちゃんはさらに外の世界を知ろうと動きだすことができるのです。つまり、アタッチメントの形成は、ヒトの学習および社会性獲得の基盤となるといえます。乳幼児期にネグレクトを受けた子どもは、脳機能の発達に異常がみられ、認知機能の発達や社会的行動に障害が生じたりすることが多いといった研究結果も報告されています（Perry, B. D. 2002）。

　このアタッチメントの形成にとって必要不可欠である応答的なかかわりを提供する最初の主体は、多くの場合、親であり家庭です。家庭においては、子どもが、適切に栄養を与えられ、危険から保護されるとともに、安定した精神で（安心して）過ごし、健康に心身を成長させることが期待されます。子どもの生命を維持し、情緒の安定を図る「養護」と呼ばれる作用です。

３．児童福祉・児童家庭福祉・子ども家庭福祉

　しかし、就労等により家庭だけでは、この「養護」の機能を充分に果たすことが難しいのが一般的です。そのために確立してきた仕組みが児童福祉制度です。

　児童福祉は、戦前から終戦直後までは「児童保護」、すなわち浮浪児や孤児、不良少年ら一部の子どもの保護を中心として行われてきました。戦後は、児童一般すなわち「すべての子ども」を対象として福祉を増進するという考え方に転換されています。そうした理

第 12 章　子どもの育ちと教育・福祉

念は 1947（昭和 22）年に制定された児童福祉法に示されました。
当時の児童福祉法 1 条は「すべて国民は、児童が心身ともに健やか
に生まれ、且つ、育成されるよう努めなければならない。すべて児
童は、ひとしくその生活を保障され、愛護されなければならない」
としています。児童福祉法の制定により通所施設としての保育所、
入所施設としての乳児院、児童養護施設、里親制度などが整備され
ました。しかし、当初は、保護者、親族等の互助による子育てを前
提として、互助で対応できない子どもを要保護児童と認定し、行政
機関が職権で施設等に入所させる「措置入所」制度でした。児童福
祉制度の対象を拡充し、一般児童や家庭も視野に入れた施策へ転換
が図られたのは 1950 年代後半です。

　1960 年代以降、高度経済成長期に入ると、都市への人口移動と
核家族化の進行を背景に、様々な家庭生活の問題が指摘されるよう
になり、児童福祉における家庭への支援の重要性がより認識される
ようになります。「児童福祉」から「児童家庭福祉」へと政策上の
用語も変化し、より家庭支援の充実が目指されました。施策は保育
施策から母子家庭施策、障害児童福祉施策へと広がり、1971（昭
和 46）年には、児童手当法が制定されました[6]。

　1994（平成 6）年、児童の権利に関する条約（1989〈平成元〉
年制定）に批准して以降、「児童家庭福祉」は新たな子ども観・福
祉観に基づき、「子ども家庭福祉」として定着が図られています
（中村 2009）。そこでは、「子ども」を「保護の対象」ではなく「権
利の主体」として捉え、福祉を「welfare」（扶助）ではなく「well-
being」（最善の利益の実現）と捉えます。

　こうした中、2016（平成 28）年には、児童福祉法が大きく改
正され、現在、児童福祉法は、総則として、次のような規定を置い
ています（下線筆者）。

第Ⅲ部　現代の教育課題

> 第１条　全て児童は、児童の権利に関する条約の精神にのつとり、適切
> 　　に養育されること、その生活を保障されること、愛され、保護される
> 　　こと、その心身の健やかな成長及び発達並びにその自立が図られるこ
> 　　とその他の福祉を等しく保障される権利を有する。
> 第２条　全て国民は、児童が良好な環境において生まれ、かつ、社会の
> 　　あらゆる分野において、児童の年齢及び発達の程度に応じて、その意
> 　　見が尊重され、その最善の利益が優先して考慮され、心身ともに健や
> 　　かに育成されるよう努めなければならない。
> ②　児童の保護者は、児童を心身ともに健やかに育成することについて
> 　　第一義的責任を負う。
> ③　国及び地方公共団体は、児童の保護者とともに、児童を心身ともに
> 　　健やかに育成する責任を負う。
> 第３条　前２条に規定するところは、児童の福祉を保障するための原理
> 　　であり、この原理は、すべて児童に関する法令の施行にあたつて、常
> 　　に尊重されなければならない。

　法令に基づく児童に関する様々な施策において、子どもの「最善
の利益」が優先されるべきこと、子どもが権利の主体として「意見
が尊重」されることが明記され、基本原理となっています。

　子ども家庭福祉では、生存・生活の保障という教育の土台として
の養護の提供に加え、本人の責任に帰せられない問題により剥奪さ
れた学習機会を保障します。養護施設における児童の学習支援や進
学支援、児童自立支援施設等における教育、障害児の教育保障、フ
リースクールなどが、例として挙げられます。

第３節　子どものウェルビーイングと学校・地域・社会

　児童の命や健康を守り、発達や生活を支援する施設として児童福
祉施設[*7]がありますが、児童の福祉を実現するのは児童福祉施設
だけではありません。教育施設もまた、児童の福祉に重要な役割を
果たしています。

第12章　子どもの育ちと教育・福祉

1．学校教育の福祉的機能

　2019（平成31）年4月に文部科学大臣より諮問を受け、中央教育審議会（以下、中教審）は、新しい時代の初等中等教育の在り方について審議しました。その間に、新型コロナウイルスの感染防止のため、政府の決定により2020（令和2）年、全国の学校において臨時休業措置が取られ（3月2日〜春季休業開始まで）、地域によってはそれから3か月もの間、児童生徒が学校に通えないという事態が生じました。コロナ禍における学校の取り組みを踏まえ、中教審は、学校が、「学習機会と学力を保障するという役割のみならず、全人的な発達・成長を保障する役割や、人と安全・安心につながることができる居場所・セーフティネットとして身体的、精神的な健康を保障するという福祉的な役割をも担っていることが再認識された」として、こうした学校の「福祉的な役割は、日本型学校教育の強みであることに留意する必要がある」としました。

　日本においては、従来、学校において学習指導のみならず「生徒指導」や「生活指導」が行われてきました。学校給食（コラム参照）や学校保健もまた教育活動として行われてきており、児童生徒の「養護」を補完してきました。こうした福祉的機能が再評価されているのです。

　一方で、学校における福祉的機能は教員の超過勤務を招いてきたことから見直しも迫られています。児童の福祉を巡る課題は教員・学校だけでは対処や解決が難しくなっています。学校・教員がスクールソーシャルワーカー、スクールカウンセラーなど専門職と適切に役割を分担し、関係機関や地域団体と連携しながら児童の福祉の充実を図ることが求められています。

　同時に学校は教育機関として、子どものウェルビーイングを促進するという観点に立って教育活動を行っていくことが求められます。特に貧困などの困難な状況にある子どもにとって学力やスキル保障

157

は重要です。しかし、社会的自立が目標とされ、「個別最適な学び」が強調される中では、個人の意欲や学びが焦点化され、貧困等を個人の問題に矮小化してしまうことも懸念されます。教育において公正を実現するためには、困難を抱え、排除されがちな「社会集団」をターゲットとした教育施策や資源配分により、社会集団間の格差を可能な限り縮小する（末富2021：58頁）という福祉的な視点も重要と考えられます。

２．子どもの育ちと地域・社会

　人が人として育つことは、単に個人として成長、発達するというだけではなく、コミュニティの一員として育つという側面があります。社会の成員として必要な知識、技能、態度等を身につけ、文化を継承し、社会の秩序維持や発展に寄与することができるように働きかけるこのような教育の側面を「社会化」といいます。日本において伝統的に行われてきた社会化の形態として「しつけ」があります。現在の「しつけ」は、家庭が第一義的に担うものと考えられていますが、歴史的には、地域社会との関係の中で行われてきた営みです（第5章参照）。子どもを属する共同体（生まれた地域の村落）の一人前の成員とするために、生産・職業技術や日常生活における習慣、価値観、作法などを習得させてきたのです。このように、その地域の政治、産業、文化の担い手を育成するために、共同体は子育てや教育に関心を払ってきました。

　地域の教育力も衰退したとみられる中、「子ども家庭福祉」は、子どもはもとより、子どもの生活の基盤となる家庭、さらには地域社会をも視野に入れて支援を行っていこうとする考え方・枠組みです。子どもの福祉を推進するためには、子どもを中心に据えつつ、子育て家庭を社会全体で支えるという視点から社会参加や地域づくりを進めていくことが求められています。

　子どもの教育・福祉にかかわる支援を包括的に進めるため、

第12章　子どもの育ちと教育・福祉

　2022（令和4）年には、子ども施策の基本理念を定めた「こども基本法」が制定されました。翌年4月には、「こどもまんなか社会」を実現することを目指して、子どもに関わる政策を総括する「こども家庭庁」が発足しました。地方でも、教育行政と保育、母子保健行政などを統合した部署を設置する自治体がでています。

　地域では行政に加え、民生委員・児童委員、NPOなど地域住民やさまざまな関係者が参加し、子どもの育ちを支えるために協働することが重要となっています。子ども食堂や子育てサロン、公営塾等の実践は、地域における協働を促進する動きとして注目されます。

〈註〉

＊1　ユニセフのリサーチ部門であるイノチェンティ研究所は、子どもの幸福度（well-being）を3つの側面、①精神的幸福度：生活満足度が高い子どもの割合や自殺率、②身体的健康：子どもの死亡率、過体重・肥満の子どもの割合、③スキル：読解力・数学分野の学力・社会的スキルから調査、分析しました（UNICEF2020）。日本は、生活に満足していると答えた子どもの割合が2番目に低く、62%にとどまったことが精神的幸福度に大きく影響しました。

＊2　全国の公立中学校から層化無作為抽出した1,000校（全体の約1割）と全国の公立全日制高校から層化無作為抽出した350校（全体の約1割）に在籍する生徒に対して調査したものです。

＊3　午前中は毎日2時間の授業、週に一度は家庭訪問による指導（90分程度）を行う支援を行いました（ヘックマン2015：30-31頁）。

＊4　「非認知能力」や「社会情緒的スキル」といった概念の内容や範囲については国立教育政策研究所（2023）の整理を参照すると良いでしょう。

＊5　イギリスの精神科医、ボウルビー（Bowlby）が子ども臨床に関わることを通して提唱した概念です。

＊6　ただし、保育所に関して「措置入所」制度が廃止され、保護者が希望する保育所を申請し、市町村と保護者の「契約」により入所する制度になったのは、1997（平成9）年です。

＊7　児童福祉法に規定された児童福祉施設として、助産施設、乳児院、母子生活支援施設、保育所、幼保連携型認定こども園、児童厚生施設、児童養

第Ⅲ部　現代の教育課題

護施設、障害児入所施設、児童発達支援センター、児童心理治療施設、児童自立支援施設、児童家庭支援センターがあります（7条1項）。

〈引用・参考文献〉
・遠藤利彦「アタッチメント理論とその実証研究を俯瞰する」数井みゆき・遠藤利彦編著『アタッチメントと臨床領域』ミネルヴァ書房（2007年）、1－58頁
・国立教育政策研究所幼児教育研究センター「幼児期からの育ち・学びとプロセスの質に関する研究〈報告書 第1巻〉幼児期からの育ち・学びに関する研究」（2023年）
・ジェームズ・J・ヘックマン著、古草秀子訳『幼児教育の経済学』東洋経済新聞社（2018年）（James J. Heckman, Giving Kids a Fair Chance, MIT Press, 2013）
・末富芳「教育における公正はいかにして実現可能か？―教育政策のニューノーマルの中での子ども・若者のウェルビーイングと政策改善サイクルの検討」『日本教育経営学会紀要』第63号（2021年）52–67頁
・中村強士「『子ども家庭福祉』概念の検討」『佛教大学大学院紀要　社会福祉学研究科篇』第37号（2009年）71–88頁
・OECD編著、ベネッセ教育総合研究所企画・制作、無藤隆・秋田喜代美監訳『社会情動的スキル―学びに向かう力』明石書店（2018年）（OECD, Skills for social progress: The power of social and emotional skills. Paris, OECD Publishing, 2015）
・OECD「ラーニング・コンパス（学びの羅針盤）2030」（2019年5月）（OECD, Future of Education and Skills 2030, Conceptual learning framework: Learning Compass 2030, 2019）
・Perry, B. D. "Childhood Experience and the Expression of Genetic Potential: What Childhood Neglect Tells Us About Nature and Nurture", Brain and Mind, Vol.3（2002）pages 79–100
・UNICEF「イノチェンティ　レポートカード16　子どもたちに影響する世界：先進国の子どもの幸福度を形作るものは何か」（2020年9月）

Question

Q1 子どもの幸福度が高い国ではどのような学校教育の取組みがあるのか調べてみましょう。

Q2 あなたの住んでいる自治体で、子どもの育ちを支える様々な取り組みについて調べてみましょう。

コラム

学校給食

　日本において学校給食は民間団体によって明治の中頃から行われていたといわれています（栁澤・福嶋 2019：180頁）。国による学校給食事業は、1932（昭和7）年に文部省が「学校給食実施の趣旨徹底方並びに学校給食臨時施設方法」に関する訓令を出して、経費を国庫負担したことから始まります。経済不況により学校で昼食を欠く児童が増加して社会問題となったための対策でした。すなわち、貧困児童の養護を目的として行われた福祉政策であったと言えます。

　その後1940（昭和15）年に公布された「学校給食奨励規程」では、児童の栄養改善と体位向上を目的とするものとされました。戦争で、食料事情が急激に悪化したため、栄養不良の子などすべての子どもを対象とする全校給食の実施補助を行うこととしたのです。戦況の悪化により廃止になりましたが、終戦後、都市部を中心に再開されます。

　1954（昭和29）年には「学校給食法」が制定され「全校給食」のための国庫補助と、設置者に対して給食実施の努力義務が課されました。学校給食を教育計画の中に位置づけて指導を行うとしたのは、1952（昭和27）年です。1958（昭和33）年には小学校学習指導要領において「学校行事等」に位置づけられました。その後、1968（昭和43）年改訂の学習指導要領では、学校給食を学級活動の一部とし、「児童に良き食習慣を身に付けさせるとともに社会的経験を深め、好ましい人間関係の育成を図るもの」としました。こうして教育としての学校給食が定着したのです。

　しかし、今も昔も学校給食費は保護者負担です。現在、子どもの貧困対策や子育て支援の一環として給食費の無償を行う自治体も出てきています。コロナ禍以降、福祉としての学校給食が見直されてきています。

〈引用・参考文献〉栁澤靖明・福嶋尚子『隠れ教育費──公立小中学校でかかるお金を徹底検証』太郎次郎社エディタス、2019年

第Ⅲ部　現代の教育課題

第13章　生涯学習社会における教育の現状と課題

山田　知代

はじめに

　「人生100年時代」という言葉をよく見聞きするようになりました。100年という長い人生を、より豊かで充実したものにするために、「生涯学習」に注目が集まっています。「生涯学習」とは、人々が生涯にわたって行うあらゆる学習のことです。また、人々が生涯のいつでも、自由に学習機会を選択して学ぶことができ、その成果が適切に評価される社会を指すものとして、「生涯学習社会」という言葉も用いられています。

　本章では、生涯学習社会の実現を目指す日本の教育の現状と課題を扱います。まず第1節では、生涯学習とは何かについて概観し、第2節では生涯学習の広がりを支える社会教育に着目します。そして第3節では、生涯学習を支援する上での課題を述べていきます。

第1節　生涯学習とは

1．生涯学習の源流と広がり

　生涯学習という概念は、1965年にフランスのパリで開かれたユネスコ[*1]の会議で、ポール・ラングランが提唱したことをきっかけに、国際社会に広く浸透したとされています。「教育とは未成熟な年齢の人々に対して行われるものである」という考え方が定着していた時代に、生涯にわたって学ぶ必要性を強調したラングランの主張は注目を集め、日本でもすぐに紹介されました。ラングランは、

162

フランス語でéducation permanent（英語に直訳すると
permanent education）という語を使いましたが、英語では直
訳されずに lifelong education と訳されました。これが日本語に
訳されたのが「生涯教育」という言葉です。当初、日本では、「生
涯学習」ではなく「生涯教育」という言葉が使われていました。

　ラングランによる提言から6年後、日本国内では1971（昭和
46）年に、社会教育審議会が「急激な社会構造の変化に対処する
社会教育のあり方について（答申）」を、中央教育審議会が「今後
における学校教育の総合的な拡充整備のための基本的施策について
（答申）」を発表し、早くも生涯教育の観点から社会教育や学校教育
の在り方を見直す必要性が提唱されました。そして1981（昭和
56）年、中央教育審議会は、生涯教育を正面から取り上げ「生涯
教育について」と題する答申をとりまとめ、乳幼児期から高齢期に
至る生涯のすべての発達段階に即して、生涯教育の観点から、家庭
教育・学校教育・社会教育の各分野を横断して教育を総合的にとら
え、家庭教育の充実、学校教育における生涯教育の観点の重視、社
会教育の推進等を提言しました。また、同答申では、「生涯学習」
という概念が初めて公に定義され、「生涯学習」と「生涯教育」の
違いについても整理されています（表13－1）。「生涯学習」が、
生涯を通じて行う具体的な学習活動を指すものであるのに対し、
「生涯教育」は、考え方・理念を表すものと整理できます[2]。

　これらの答申により、生涯教育の考え方は広く一般的なものとな
っていきましたが、さらにこの動きを加速させたのが、「生涯学
習」という概念を前面に出した、臨時教育審議会の答申でした。
1984（昭和59）年から1987（昭和62）年にかけて設置された
臨時教育審議会の4次にわたる答申では、学校中心の考え方を改め、
教育体系の総合的再編成を図るという「生涯学習体系への移行」が、
教育改革の方向性の一つとして打ち出されました。臨時教育審議会

第Ⅲ部　現代の教育課題

は、「生涯学習」という表現を用いています。この点については、生涯にわたる学習は自由な意志に基づいて行うことが本来の姿であり、自分に合った手段や方法によって行われるというその性格から、学習者の視点に立った立場を明確にするため、「生涯教育」ではなく「生涯学習」という用語を用いた、と述べられています。同答申以後、「生涯教育」に代わって、「生涯学習」という用語が一般に使われることが多くなっていきました[*3]。

表13-1　「生涯学習」と「生涯教育」の関係

生涯学習	今日、変化の激しい社会にあって、人々は、自己の充実・啓発や生活の向上のため、適切かつ豊かな学習の機会を求めている。これらの学習は、各人が自発的意思に基づいて行うことを基本とするものであり、必要に応じ、自己に適した手段・方法は、これを自ら選んで、生涯を通じて行うものである。その意味では、これを生涯学習と呼ぶのがふさわしい。
生涯教育	この生涯学習のために、自ら学習する意欲と能力を養い、社会の様々な教育機能を相互の関連性を考慮しつつ総合的に整備・充実しようとするのが生涯教育の考え方である。言い換えれば、生涯教育とは、国民の一人一人が充実した人生を送ることを目指して生涯にわたって行う学習を助けるために、教育制度全体がその上に打ち立てられるべき基本的な理念である。

出典）中央教育審議会「生涯教育について（答申）」（1981年）を基に作成

2．生涯学習推進体制と生涯学習の機会

　これらの答申等を受け、生涯学習を推進する体制の整備が進み、1988（昭和63）年には、文部省（当時）に生涯学習を担う局が置かれました。また、1990（平成2）年の中央教育審議会答申「生涯学習の基盤整備について」を受けて、同年6月、「生涯学習の振興のための施策の推進体制等の整備に関する法律」（生涯学習振興法）が制定されました。同法は生涯学習に関する初めての法律であり、これにより都道府県を単位とした全国的な体制整備が進められていきました。

　そして2006（平成18）年には、改正された教育基本法に、「生

涯学習の理念」（3条）に関する規定が新設されることになりました。教育全体の普遍的理念として、生涯学習社会の実現を目指すことが明確化されたといえます。

教育基本法

（生涯学習の理念）

第3条　国民一人一人が、自己の人格を磨き、豊かな人生を送ることができるよう、その生涯にわたって、あらゆる機会に、あらゆる場所において学習することができ、その成果を適切に生かすことのできる社会の実現が図られなければならない。

　では、生涯にわたる学習の機会とはどのようなものでしょうか。まず、生涯学習の場として、家庭教育、学校教育、社会教育が挙げられます。家庭教育は、すべての教育の出発点です。子どもは誕生とともにまず家庭において教育を受け、その後、一定の年齢に達すると学校教育を受けることになります。家庭教育というと、就学前の子どもを対象としたものというイメージがあるかもしれません。しかし一方で、子育てを通じて親が子どもから学ぶこともありますし、きょうだいなど親以外の家族から学ぶこともあります。その意味においては、学校教育がスタートしてからも、生涯を通して、家庭が学びの場になり得ます。

　続いて、学校教育です。幼稚園からスタートする学校教育は、一般に高等学校や大学まで続きます。最終学校を卒業すると学校教育は一旦終わりますが、社会人になってからも大学や大学院で学んだり、義務教育を十分に受けられなかった様々な事情のある人が夜間中学で学んだりするなど、本人の意思に基づき学校で学ぶことは生涯を通じて可能です。

　そして、社会教育です。社会教育とは、家庭・学校以外の場で行われる教育のことです。たとえば、図書館や博物館、公民館で提供

165

第III部　現代の教育課題

される教育がその典型です（社会教育については第2節で詳述）。

　さらには、家庭教育・学校教育・社会教育以外からも、私たちは学習しています。その一つが、生活や行動を通して「意図しないままに（偶然に）」何かを学ぶという、「偶発的学習（無意図的学習）」です[4]。たとえば、娯楽のためのテレビ視聴、他者との何気ない会話、子どもの仲間集団での遊びなど、様々な生活・行動の中で偶然に起こる気づきや学びです。そしてもう一つは、意図的でありながらも、教育として仕組まれたものを利用しない学習であり、「独力的学習」と呼ばれるものです[5]。たとえば、郷土の歴史を理解するために、昔から地元に住む方々に個人的にインタビューをすることなどです。

　以上のように生涯学習は、家庭教育、学校教育、社会教育だけでなく、偶発的学習や独力的学習を通して、生涯にわたって行われる学習と捉えることができます。

第2節　生涯学習の広がりを支える社会教育

　前述のように、ラングランがユネスコの会議で生涯学習を提言してから6年後、日本国内では、1971（昭和46）年に社会教育審議会が「急激な社会構造の変化に対処する社会教育のあり方について」と題する答申を発表しました。その中で、「これからの社会教育は、生涯教育の観点から再構成されるべきである」と提言され、この答申以降、社会教育は生涯教育（生涯学習）と関連づけてとらえられることが多くなったとされています[6]。2018（平成30）年の中央教育審議会「人口減少時代の新しい地域づくりに向けた社会教育の振興方策について（答申）」においても、社会教育は、「生涯学習社会の実現に向けて中核的な役割を果たすべきものである」と位置づけられています。

1．社会教育とは

　社会教育について、教育基本法では、「個人の要望や社会の要請にこたえ、社会において行われる教育は、国及び地方公共団体によって奨励されなければならない」（12条1項）、「国及び地方公共団体は、図書館、博物館、公民館その他の社会教育施設の設置、学校の施設の利用、学習の機会及び情報の提供その他の適当な方法によって社会教育の振興に努めなければならない」（同条2項）と定めています。社会教育は、個人の要望や社会の要請により行われるものであること、国・地方公共団体によって奨励されなければならないこと、社会教育のための施設として図書館、博物館、公民館が代表例であることがわかります。

　教育基本法の精神に則り、社会教育に関する国と地方公共団体の任務を明らかにすることを目的とした法律として、「社会教育法」があります。社会教育法では、社会教育について、「学校教育法…又は就学前の子どもに関する教育、保育等の総合的な提供の推進に関する法律…に基づき、学校の教育課程として行われる教育活動を除き、主として青少年及び成人に対して行われる組織的な教育活動（体育及びレクリエーションの活動を含む。）をいう」（2条）と定義されています。社会教育の定義については、学校教育との対比において規定されている点が特徴的です。学校教育では、法令により、校舎や教室などの施設・設備が整えられ、カリキュラムや教科書、成績評価があります。一方、社会教育は、当人の意思に基づいて図書館、博物館などの学ぶ場を自由に選ぶことができ、法令によるカリキュラムや教科書はなく、成績評価もありません。特定の形式がなく、学習者が自らの必要に応じて自由に選びとっていくものです。つまり、学校は法令によって「いつ、どこで、誰が、何を、どのように」学ぶのかが基本的には規定されている定型教育（formal education）であり、社会教育は「いつでも、どこでも、誰でも、

第III部　現代の教育課題

何でも、自由に」学習することが原則である不定型教育（non-formal education）、あるいは、非定型教育（informal education）と整理することが可能です*7。

２．社会教育の現状

　では、社会教育の現状はどのようになっているのでしょうか。表13‐2は、社会教育施設の推移を示したものです。公民館、青少年教育施設、社会体育施設は減少傾向にある中、図書館、博物館、生涯学習センターは増加しており、2021（令和３）年度で過去最多となっています。

　他方、１施設あたりの利用者数に着目すると、2020（令和２）年度間における社会教育施設の１施設当たり利用者数は、前回調査と比較してすべての施設で大幅に減少しています。その大きな要因は、新型コロナウイルス感染症の影響といえるでしょう。コロナ禍で地域住民による活動が停滞して孤独・孤立の問題の顕在化が指摘されていますが、アフターコロナの現在、コミュニティのつながりづくりのための社会教育施設の活用が課題といえます。

表13‐2　社会教育施設数の推移

（施設）

区　　分	公民館（類似施設含む）	図書館	博物館	博物館類似施設	青少年教育施設	女性教育施設	社会体育施設	劇場・音楽堂等	生涯学習センター
平成 11 年度	19,063	2,592	1,045	4,064	1,263	207	46,554	1,751	…
14	18,819	2,742	1,120	4,243	1,305	196	47,321	1,832	…
17	18,182	2,979	1,196	4,418	1,320	183	48,055	1,885	…
20	16,566	3,165	1,248	4,527	1,129	380	47,925	1,893	384
23	15,399	3,274	1,262	4,485	1,048	375	47,571	1,866	409
27	14,841	3,331	1,256	4,434	941	367	47,536	1,851	449
30	14,281	3,360	1,286	4,452	891	358	46,981	1,827	478
令和 3	13,798	3,394	1,305	4,466	840	358	45,658	1,832	496
平成30年度からの増減数	△483	34	19	14	△51	0	△1,323	5	18
平成30年度からの増減率(%)	△3.4	1.0	1.5	0.3	△5.7	0.0	△2.8	0.3	3.8

注1.　平成20年度より都道府県・市町村首長部局所管の図書館同種施設、独立行政法人及び都道府県・市町村首長部局所管の青少年教育施設及び女性教育施設を調査対象に追加している。（以下の表において同じ。）
　　2.　平成23年度以前の「劇場・音楽堂等」は、「文化会館」として調査している。（以下の表において同じ。）

出典）文部科学省「令和３年度社会教育統計の公表について」（2023 年）より引用

168

第 13 章　生涯学習社会における教育の現状と課題

　次に、社会教育の専門的職員である社会教育主事、図書館の司書、学芸員に注目してみます。社会教育主事とは、社会教育を行う者に対し専門的技術的な助言・指導を与える専門的職員で（社会教育法９条の３第１項）、都道府県および市町村の教育委員会の事務局に置くとされています（同法９条の２第１項）。また、司書は、都道府県や市町村の設置する公立図書館等に置かれる専門的職員で（図書館法４条１項）、図書館の専門的事務に従事します（同条２項）。たとえば、図書館資料の選択、発注、受け入れから分類、目録作成、貸出業務、レファレンス、読書案内などを行います。そして学芸員とは、博物館に置かれる専門的職員で（博物館法４条３項）、「博物館資料の収集、保管、展示及び調査研究その他これと関連する事業についての専門的事項をつかさどる」職員です（同条４項）。

　社会教育主事、図書館司書、学芸員の人数の推移（表13－３）をみてみると、20年近くの間に、図書館司書は約２倍に、博物館の学芸員も約1.5倍に増えていますが、社会教育主事は、約４分の１まで減少しています。

　社会教育主事の減少については、派遣社会教育主事（都道府県が

表13－３　社会教育を担う指導系職員の推移

（人）

	都道府県・市町村教育委員会	図書館（同種施設含む）	博物館
	社会教育主事	司書	学芸員
平成14年度	5,383	10,977	3,393
平成17年度	4,119	12,781	3,827
平成20年度	3,004	14,596	3,990
平成23年度	2,518	16,923	4,396
平成27年度	2,048	19,015	4,738
平成30年度	1,681	20,130	5,025
令和３年度	1,451	21,520	5,350

注）社会教育主事には、派遣社会教育主事（都道府県がその事務局の職員を社会教育主事として、市町村に派遣している職員（実数））を含み、さらに平成27年度調査以降は課長のうち併せて社会教育主事の発令をされている者を含む。

出典）文部科学省「令和３年度社会教育統計の公表について」（2023年）を基に作成

169

第Ⅲ部　現代の教育課題

都道府県教育委員会の職員の身分を有する社会教育主事を、市町村の求めに応じて市町村教育委員会事務局に派遣する制度）の経費の一般財源化や地方公共団体の逼迫した財政状況、市町村合併等の影響が指摘されています[8]。都道府県・市町村教育委員会における生涯学習の位置づけの低下の現れという見方もできるでしょう。政府が定める教育振興基本計画では、第2期計画（2013〈平成25〉年6月14日閣議決定）以降、第4期計画（2023〈令和5〉年6月16日閣議決定）に至るまで、社会教育主事の配置・養成の見直しや充実が提言され続けていますが、社会教育主事の配置の減少は歯止めがかからない状況にあります。

第3節　生涯学習支援の課題

　内閣府による「生涯学習に関する世論調査（令和4年7月調査）」によれば、「この1年間の月1日以上の学習の状況」についての上位5項目の回答は、「仕事に必要な知識・技能や資格に関すること」（40.1％）、「健康やスポーツに関すること」（31.3％）、「料理や裁縫などの家庭生活に関すること」（23.1％）、「音楽や美術、レクリエーション活動などの趣味に関すること」（22.9％）、「インターネットの知識・技能に関すること」（20.4％）でした（複数回答）。

　一方、「学習していない」という回答は24.3％を占め、その理由としては、「特に必要がない」（45.5％）、「きっかけがつかめない」（29.1％）、「仕事が忙しくて時間がない」（27.5％）、「家事・育児・介護などが忙しくて時間がない」（15.6％）などが主なものです。この結果から、国や地方公共団体が生涯学習を支援していく上での課題について考えてみます。

　第一に、「特に必要がない」と考えている人々が一定数存在しているという結果を踏まえると、生涯学習社会の実現のためには、生涯にわたって学び続ける学習者としての基盤を、学校教育で培うこ

第13章　生涯学習社会における教育の現状と課題

とが必要といえます。学校教育法では、小・中・高等学校等における教育では、「生涯にわたり学習する基盤が培われるよう、基礎的な知識及び技能を習得させるとともに、これらを活用して課題を解決するために必要な思考力、判断力、表現力その他の能力をはぐくみ、主体的に学習に取り組む態度を養うことに、特に意を用いなければならない」とされています（30条2項）。学校教育の中で、主体的に学習に取り組み学びに向かう力を育てることで、生涯にわたる学習の意欲へと繋げていくことが考えられます。学校教育と社会教育とが連携し、子どもの学びを早くから地域社会に広げておく視点も重要です。

　第二に、「仕事が忙しくて時間がない」と回答した人は18歳〜59歳までの勤労世代に多く、「家事・育児・介護などが忙しくて時間がない」という人は30代・40代に多く見られました。実際に、「今後学習したい場所や形態」については、最も多い回答が「インターネット」（58.7％）であり、さらに、「生涯学習を盛んにしていくために国や地方自治体が力を入れるべきこと」についても、「インターネットを利用したオンライン学習の充実」（40.7％）が最多でした。インターネットのほかにも、子育て世代のために保育付きの講座などがあります。コロナ禍を経て、オンライン会議やオンライン学習は急速に浸透しました。学習をする時間的余裕がない世代や学習の場に出かけるのが困難な人々にとって、インターネットを活用した生涯学習が新たな可能性を開くといえそうです。

〈註〉

＊1　ユネスコ（国際連合教育科学文化機関、United Nations Educational, Scientific and Cultural Organization U. N. E. S. C. O.）とは、諸国民の教育、科学、文化の協力と交流を通じて、国際平和と人類の福祉の促進を目的とした国際連合の専門機関であり、その本部はパリにあります。

＊2　中央教育審議会「新しい時代を切り拓く生涯学習の振興方策について〜知の循環型社会の構築を目指して〜（答申）」（2008年）によれば、「『生涯

171

第Ⅲ部　現代の教育課題

学習』は『生涯教育』を学習者の視点からとらえ直した考え方・理念であると言われることがあるが、〔中略〕『生涯学習』が生涯にわたって行われる『具体的な学習活動』を指すものであるのに対し、『生涯教育』が『考え方・理念』を表すものであるので、同質の対称的な概念として両者をとらえることは適切ではない」と説明されています。

＊3　文部科学省『学制百二十年史』ぎょうせい（1992年）273頁。

＊4　田中雅文「生涯学習とは何か」田中雅文ほか『テキスト生涯学習―学びがつむぐ新しい社会―［新訂2版］』学文社（2020年）3頁。

＊5　同上、4頁。

＊6　浅田昇平「社会教育と生涯教育」島田和幸・髙宮正貴編著『教育原理』ミネルヴァ書房（2018年）156頁。

＊7　上田孝典「社会教育・生涯学習の思想と歴史」吉田武男監修、手打明敏・上田孝典編著『MINERVAはじめて学ぶ教職7　社会教育・生涯学習』ミネルヴァ書房（2019年）20頁。

＊8　中央教育審議会「新しい時代を切り拓く生涯学習の振興方策について～知の循環型社会の構築を目指して～（答申）」（2008年）31頁。

〈参考文献〉

・島田和幸・髙宮正貴編著『教育原理』ミネルヴァ書房（2018年）

・関口礼子・西岡正子・鈴木志元・堀薫夫・神部純一・柳田雅明『新しい時代の生涯学習　第3版』有斐閣（2018年）

・田中雅文監修、柴田彩千子・宮地孝宜・山澤和子編著『生涯学習と地域づくりのハーモニー――社会教育の可能性』学文社（2023年）

・田中雅文・坂口緑・柴田彩千子・宮地孝宜『テキスト生涯学習―学びがつむぐ新しい社会―［新訂2版］』学文社（2020年）

・名須川知子・大方美香監修、三宅茂夫編著『MINERVAはじめて学ぶ保育2　教育原理』ミネルヴァ書房（2020年）

・吉田武男監修、手打明敏・上田孝典編著『MINERVAはじめて学ぶ教職7　社会教育・生涯学習』ミネルヴァ書房（2019年）

Question

Q1　生涯教育、生涯学習、社会教育、学校教育の関係を整理してみましょう。

Q2　自分が住んでいる地域では、行政が生涯学習をどのように支援しているか、ホームページ等で調べてみましょう。

第13章　生涯学習社会における教育の現状と課題

コラム

リカレント教育

　生涯学習を支えるものとして、「リカレント教育」があります。1970年にOECD（経済協力開発機構）が取り上げ、「リカレント教育－生涯学習のための戦略－」（1973年）という報告書を公表したことで国際的に広く認知されました。「リカレント（recurrent）」とは、「繰り返す」「循環する」という意味です。つまり、リカレント教育とは、学校教育から一旦離れて社会に出た後も、生涯にわたって教育と他の諸活動（労働、余暇など）を繰り返すことです。

　リカレント教育は、法令で定義が決まっているわけではありませんが、「第11期中央教育審議会生涯学習分科会における議論の整理」（2022年）では、「『リカレント教育』とは、元来はいつでも学び直しができるシステムという広い意味を持つものであるが、本議論の整理では、キャリアチェンジを伴わずに現在の職務を遂行する上で求められる能力・スキルを追加的に身に付けること（アップスキリング）や、現在の職務の延長線上では身に付けることが困難な時代のニーズに即した能力・スキルを身に付けること（リスキリング）の双方を含むとともに、職業とは直接的には結びつかない技術や教養等に関する学び直しも含む広義の意味で使用する」（9頁）とされ、図のように整理されています。

```
                    リカレント教育
         社会変化への対応や自己実現を図るための
           以下①～③を内包した社会人の学び直し

    ①リスキリング              ②アップスキリング
  時代のニーズに即して職業上新たに    現在の職務を遂行する上で求められる
  求められる能力・スキルを身に付けること   能力・スキルを追加的に身に付けること

         ③職業とは直接的には結びつかない
          技術や教養等を身に付けること
```

出典）PwCコンサルティング合同会社「令和4年度文部科学省委託事業【令和6年3月改訂】大学等におけるリカレント教育の持続可能な運営モデルの開発・実施に向けたガイドライン（詳細版）」7頁より引用

図　「第11期中央教育審議会生涯学習分科会における議論の整理」を踏まえたリカレント教育の範囲（イメージ図）

173

執筆者一覧

◆編著者
山田　知代（やまだ・ともよ）　執筆章：第3章、第13章
現在：立正大学准教授
専攻：教育制度学・教育法規
主な所属学会：
　日本スクール・コンプライアンス学会、日本教育行政学会、
　日本教育制度学会、日本保育学会
主な著作：
　『学校現場の課題から学ぶ教育学入門』（共著）学事出版（2019）

内山　絵美子（うちやま・えみこ）　執筆章：第5章、第12章
現在：小田原短期大学准教授
専攻：教育行政学・教育政策
主な所属学会：
　日本スクール・コンプライアンス学会、日本教育行政学会、
　日本教育経営学会、日本教育制度学会
主な著作：
　『学校教育制度概論　第3版』（分担執筆）玉川大学出版部（2022）

坂田　仰（さかた・たかし）　執筆章：第7章、第10章
現在：淑徳大学教授
専攻：公法学・教育制度学
主な所属学会：
　日本スクール・コンプライアンス学会、日本教育行政学会、
　日本保育学会、日本公法学会
主な著作：
　『四訂版　学校と法─「権利」と「公共性」の衝突─』（編著）放送大
　学教育振興会（2024）

◆分担執筆者

※所属・肩書きは 2025（令和 7）年 4 月 1 日現在

矢田　訓子　　東京音楽大学准教授（第 1・2 章）

藤田　祐介　　武蔵野大学教授（第 4 章）

田中　洋　　　淑徳大学教授（第 6 章）

高木　加奈絵　流通経済大学助教（第 8 章）

小野　まどか　植草学園大学専任講師（第 9 章）

降簱　直子　　帝京科学大学専任講師（第 11 章）

JSCP 双書　No. 2

教育学の基礎

2025 年 4 月 10 日　第 1 刷発行

編　集	山田 知代
	内山 絵美子
	坂田　仰
発行人	福山 孝弘
発行所	株式会社 教育開発研究所
	〒 113-0033　東京都文京区本郷 2-15-13
	電話　03-3815-7041
	FAX　03-3816-2488
	URL　https://www.kyouiku-kaihatu.co.jp
	E-mail　sales@kyouiku-kaihatu.co.jp
表紙デザイン	クリエイティブ・コンセプト
印刷所	中央精版印刷株式会社

落丁・乱丁本はお取り替えいたします。
定価はカバーに表示してあります。
ISBN978-4-86560-605-8　C3037